话语分析：实用工具及练习指导 （原书第2版）

How to do Discourse Analysis: A Toolkit　2Ed

［美］詹姆斯·保罗·吉（James Paul Gee）　著

何清顺　译

杨炳钧　审校

重庆大学出版社

译者简介

何清顺

中山大学外国语学院教授、博士生导师、中山大学"百人计划"引进人才；西南大学博士、广东外语外贸大学博士后、英国卡迪夫大学访问学者，英国格拉斯哥大学高级访问学者。主要研究领域为系统功能语言学、计量语言学、翻译理论与实践。在国际主流语言学杂志（SSCI；A&HCI）发表学术论文 15 篇；在斯普林格出版社出版语言学专著 2 部；在商务印书馆出版语言学专著 1 部；在重庆大学出版社"万卷方法"出版译著 2 部。主持国家社科基金项目 2 项、广东省哲学社会科学"十二五"规划项目、广东省教育科学"十三五"规划项目各 1 项。斯普林格出版社审稿专家，多家国际主流语言学期刊特约审稿人。

杨炳钧

中山大学国际翻译学院教授，博士生导师；中山大学博士，西南大学博士后，美国伊利诺伊大学高级访问学者；教育部新世纪优秀人才支持计划入选者，重庆市学术带头人，上海市浦江人才。中国英汉语篇分析专业委员会秘书长，中国功能语法教学研究会常务理事，中国英语教育研究会常务理事，中国认知诗学研究会常务理事。国际翻译学旗舰期刊 *Target* 和 *Meta* 特约审稿人；国际普通语言学旗舰期刊 *Lingua*，欧洲语言学会会刊 *Linguistics*，澳大利亚语言学会会刊 *Australian Journal of Linguistics* 特约审稿人；斯普林格出版社 *The M.A.K. Halliday Library Functional Linguistics Series* 编委；外文出版社"国学经典外译文库"编委；北京大学出版社《韩礼德文集》中文版编委；上海交通大学出版社《马丁文集》编委。荣获 2009 年度"国家级优秀教学成果奖"二等奖，"霍英东教育基金会第十届高等院校青年教师奖（教学类）"二等奖等。已出版专著、译著、编著共计 19 部，发表论文 70 余篇；主持国家社科基金项目 2 项，教育部留学回国人员科研启动项目、中国博士后科学基金项目各 1 项。研究方向为功能句法、语法隐喻和话语分析。

内容提要

这本广受欢迎的书是《话语分析导论：理论与方法》（*An Introduction to Discourse Analysis: Theory and Method*）的姊妹卷。作者是詹姆斯·保罗·吉（James Paul Gee）。

詹姆斯·保罗·吉在书中通过实践操作，为我们提供了任务型话语分析的必要工具。每个工具都有清楚的解释及应用指导，并提供真实语料供读者练习。不同领域的读者都可以从本书中获得基本的话语分析理论与实践基础，以及独到的话语分析方法论知识。

本书这一版增加了一个新工具——**大写 C 会话—工具**。

本书配套网站有常见问题、附加任务、词汇表及詹姆斯·保罗·吉发表的期刊论文的免费链接等（请到 Routledge 出版社官方网站，输入作者姓氏"Gee"查找）。

本书是应用语言学、教育学、心理学、人类学以及交际学等可能使用话语分析方法的相关学科的高年级本科生和研究生都应该读的基础书。

詹姆斯·保罗·吉是美国亚利桑那州立大学玛丽·楼·富尔顿师

范学院文化研究专业首席教授。他的代表作包括《话语分析导论：理论与方法》（第 4 版，2014）和《数字时代的语言和学习》（*Language and Learning in the Digital Age*, 2011）等。他曾担任《劳特里奇话语分析手册》（*The Routledge Handbook of Discourse Analysis*, 2012）联合主编。

目　录

引 言

话语分析的研究对象是使用中的语言。人们不仅用语言说事，而且用语言做事。人们使用语言做许多不同的事情，如交流、合作、助人等；人们使用语言构建许多不同的事物，如婚姻、声誉和制度等。人们也用语言说谎、炫耀、害人和毁灭事物。

话语分析的方法很多。有些属于语言学范畴，与语法研究密切相关；有些与语法细节关系不大，只专注于会话和写作中的思想、问题和主题。

在我的另一本专著《语话分析导论：理论与方法》（*An Introduction to Discourse Analysis:Theory and Method*, Fourth Edition, 2014 ）中我提出：任何话语分析理论都是由分析使用中的语言的一套工具组成的。在我看来，不存在一个理论是普遍正确或普遍适用的。每种理论提供的工具都只适用于某些语料。所以，任何话语分析者都必须调整他们从某一理论中获得的工具，以适应他们自己的研究需要。

话语分析类书的编写可以采取两种不同的方式。第一种是概括介绍不同的理论，或是详细介绍一种理论。第二种是为了实现某些目标而提供有效的话语分析工具，以方便日后为了其他目标而学习其他话语分析方法做好准备。本书及其姊妹卷《话语分析导论：理论和方法》就是采取的第二种方式。这两本书的理论观点是话语分析与语言结构（语法）密切相关，但该理论涉及社会、文化和政治中的意义，比主流语言学关注的意义要宽泛得多。同时，这两本书为以后学习其他话语分析方法奠定了基础。

那么，为什么介绍话语分析基本知识需要两本书呢？这是因为，人们是以不同的方式学习和教学的。《话语分析导论：理论和方法》给出了解释和案例，但没有给读者事情做，更没有提供详细的做事方法。本书虽然也有解释和案例分析，但它给读者留下了很多事情去做，而且也提供了详细的做事指导。

然而，需要告诫读者的是，对于话语分析，没有很多普遍接受和认可的内容，却有太多的方法和争议。所以，我只提出我自己的想法——我所相信的——但不苛求你一定相信我说的。我只希望你能够静下心来，认真思考，形成自己的风格，做出自己的贡献。这才是本书"方法"一词的真正含义：学习做自己的话语分析，在理解世界和干预世界的道路上选择自己的同伴。

本书提出了 28 个话语分析工具。在接下来的章节里，我会逐一解释这些工具，并为每个工具提供一个使用案例。然后，我给读者提供语料和问题，让读者自己练习使用这些工具。本书附录里有一个工具列表。读者还可以练习使用每个工具分析自己的语料。

我所说的话语分析"工具"是什么意思呢？话语分析工具是针对语料提出的一个具体问题。每个问题都引导读者在口头或书面交际中认真观察语言细节，并把这些语言细节与说话者或写作者的意图、思想及其使用语言实施并完成的事情联系起来。

这些工具没有先后顺序。也就是说，它们都可以立刻用来分析任何语料。某些工具可能对某些语料更适用，但也可以拿来分析其他语料。有时候我并不按目录中的顺序介绍这些工具。我认为，话语分析也可以从第四单元中的工具开始（这些工具是关于"大画面"的，包括语言之外的东西），但这并不意味着从第四单元开始是一个很好的学习方法。当读者读完这本书并尝试分析自己的语料时，他们可能会从第四单元中的工具开始，从后往前依次使用这 28 个工具。另一方面，每个读者都可以根据自己喜欢的顺序使用这些工具。

本书的话语分析方法既适用于口头话语，也适用于书面话语。书中的例子和语料有的是口头的，有的是书面的。但是，我不想一直重复"口头话语和书面话语""说话者和写作者""听者和读者"等，所以我在书中只说"话语""说话者"和"受话者"等。但读者应该记住，我说的话语通常包括口头的和书面的（除非明确只指其中之一的场合，比如我们讨论声音中的停顿或音高变化时）。

对于口头语料，我们会面临如何转写的问题。随着录音和计算机设备的不断复杂化，语音记录有可能达到令人难以置信的详细程度，包括小停顿，轻微的犹豫，以及声音、音调、速度和响度的微妙变化等。因此，我们愿意相信，这样详细的记录可以代表纯粹的、客观的、未加分析的语言"事实"。但这是不可能的。话语包含的信息永远比任何录音或转写系统所能捕捉到的细节多得多。

话语分析是基于话语（包括眼神、姿态、动作等）细节的。这些细节可能与话语使用的语境相关，与分析者试图做出的论证相关。话语分析不是基于所有存在的物理特征，甚至不是基于在特定语境中可能有意义或根据不同的分析目的可能有意义的物理特征。

任何口头语料都可以转写为不同的详细程度。音标从非常详细（语言学家称之为"严式"音标）到非常不详细（语言学家称之为"宽式"

音标）可以形成一个连续体。虽然比较明智的做法是尽量转写得比最后用到的要详细一些，但最终还是以分析者的目的来决定转写的详细程度。

在本书中，我们将使用宽式音标。每次转写时，我们都可以提供更多的细节，但太多的细节会导致只见树木不见森林，而我们这本书追求的是森林而不是树木。有关话语分析中语料转写的更多信息，请参阅本节阅读书目列表中迪朗蒂（Duranti）的书。

我在本书中使用了大量的语料，并为读者提供了练习语料。所有的语料都应该有出处。我的语料都来自我自己在从事社会、机构和教育工作时收集的。我认为话语分析者应该选择他们的问题和语料，因为有些重要的东西会影响他们得出的结果。在任何情况下，读者都有自己的兴趣。我的语料可以用于初步实践。读者还应该把我介绍的所有工具都用到他们自己选择的，以及他们感兴趣的语料和问题中去。

并不是所有的读者都熟悉我使用的语料。虽然大多数语料出自美国，但这些语料并不是在美国的任何地方都是典型的，对于有些地方的人来说可能多少有点儿"陌生"。你在本书后面会看到——当我们谈到把我们认为理所当然的事情变得"陌生"和"新奇"时，在许多情况下"陌生"其实是一件好事情。同时，读者应该时时考虑如何把自己地区、文化或国家的相关语料补充到本书使用的语料中去，因为在这些地方，事物运行的方式不同。然后，读者可以比较和对比不同情况下事物的运行情况。事实上，本书就是这么安排的。

我的话语分析方法是一种"应用话语分析"或"应用语言学"。这是什么意思？我认为它的意思是：在实证调查领域有很多问题要问，有很多话题要研究，也有很多类型的语料要收集。既然有如此多的选择，那为什么不选择对人类、社会和世界产生重要影响的问题、话题和语料？当我们为了谈论更广泛的问题而做选择时，那么我们的实证调查就是应用研究。我们不降低我们的实证标准，也不从愿望中得出结论。相反，我们从实际语料中得出结论，并以此来政治化我们的工作。但我们也确实会对实际语料进行干预。你在本书中会看到，我选择了与紧迫的社会、文化和制度问题相关的话题和语料。

本书并不需要读者对语言学或语法有多少了解。但我假设你会注意语言的细节。本书分为四个单元，每个单元由几个部分组成。每个单元都包含解释和读者练习。在书中我也安排了我所谓的"语法插话"，介绍一些基本的语法知识。这些语法知识在话语分析中起着重要作用。我也为每个语法插话安排了一个工具及其使用练习。

本书的创作灵感来自一位大学教授。她告诉出版商，她在课堂教学中使用了我的书《话语分析导论：理论与方法》，但她感到遗憾的是那本书没有告诉读者如何去做话语分析。的确，我也不能完全说清楚该"如何"做。像科学和艺术一样，真正的话语分析需要在一定程度上尝试、创新、冒险以及选择（有运气成分）等。但我会在本书中尽可能详细地介绍话语分析的方法。我会给你具体的事情做。我想让你沉浸在思考并回答 51 个问题中。问题不容易，答案不明显。我希望你能讨论这些问题，并与他人争论（因为科学具有社会性和协作性）。我希望，在你沉浸进去之后，再出来时会发现已经有了自己的观点，已经具备了进一步学习并理解世界上的语言的能力。

虽然本书是关于语言的，但本书开发的语言分析工具可以用来分析静态图像（如，绘画），移动或变化图像（如，电影或视频游戏），以及文字和图像相结合的所谓"多模态"文本，有时还有其他模式，比如音乐（许多广告和视频游戏）。这是因为话语分析是关于交际的，并且在大多数情况下，图像和多模态文本也是在设法寻求交际，只不

过它们使用与纯语言不同的"语法"。对图像和多模态文本进行话语
分析是一个非常新鲜的领域，单这一点就足够写一本书。因此，我鼓
励读者思考该如何把这些工具应用于语言之外。

关于第二版的说明：本书第二版本增加了一个工具；删除、添加
并修改了一些语料；更新了参考文献（增加了更多的经典文献，而不
仅是最新的文献）；修订了很多不太清晰的地方。一个多模态分析的
附录被删除了，因为这个话题内容很多，非本书所能涵盖。

关于"练习任务"的说明：本书有 51 个"练习任务"，但让学生
自己寻找语料来使用本书介绍的话语分析工具也是一个很好的办法。
教师也应该提供能够激发课堂兴趣或适合学生背景的语料和问题。另
外，鼓励学生使用部分或全部工具来分析他们关心的、可以形成他们
自己研究基础的语料也是一个好主意。话语分析与所有科学一样，是
一种协作的社会活动，因此学生应该学习协作分析，纠正、补充和增
加彼此的贡献。

阅读书目 在本书中，我会推荐一些最基本的阅读书目（完整的参考文献参见詹姆斯·
保罗·吉（2014），《话语分析导论：理论与方法》（*An Introduction
to Discourse Analysis:Theory and Method,* Fourth Edition, London:
Routledge）。本书提供的阅读书目不能构成本领域的参考文献。有些书
目是技术性的，有些不是，但所有书目都列了出来，因为它们可以作为
本书很好的配套读物或后续读物。如上所述，话语分析的方法有很多，
关于话语分析的书也有很多。下面我列出几本书，供你探索其中的一些
分析方法。

Chafe, W. (1994). *Discourse, consciousness, and time: The flow and
displacement of conscious experience in speech and writing.* Chicago:
University of Chicago Press. [基于大脑和言语思想流的话语分析方法力
作。]

Duranti, A. (1997). *Linguistic anthropology.* Cambridge: Cambridge University
Press. [文化构架中的经典话语分析概述。]

Gee, J. P. and Handford, M., Eds. (2012). *The Routledge handbook of discourse
analysis.* London: Routledge. [一本很好的话语分析手册，收录的文章代表

了话语分析的不同方法和领域。]

Fairclough, N. (2003). *Analyzing discourse: Textual analysis for social research.* London: Routledge. [费尔克劳夫在本书中呈现的话语分析方法已广为人知且被广泛使用。]

Gumperz, J. J. (1982). *Discourse strategies.* Cambridge: Cambridge University Press. [人类语言学家撰写的经典话语研究著作。]

Hutchby, I. and Wooffitt, R. (2008). *Conversational analysis.* Malden, MA: Polity Press. ["CA" 代表 " 会话分析 "——一种普遍使用的分析面对面会话的社会学方法。]

Schiffrin, D., Tannen, D., and Hamilton, H. E., Eds. (2001). *The handbook of discourse analysis.* Malden, MA: Blackwell. [一本很好的话语分析手册，收录的很多文章代表了话语分析的不同方法和领域。]

Van Dijk, T. A., Ed. (1997). *Discourse as social interaction.* London: Sage. [本书和下面一本书都是详细介绍话语分析的不同方法和领域的论文集。]

Van Dijk, T. A. (1997). *Discourse as structure and process.* London: Sage.

Van Dijk, T. A. (2008). *Discourse and power.* New York: Palgrave/Macmillan. [梵·迪克在运用自己的话语分析方法处理重要的社会和政治问题方面做了大量的工作。]*

---

* 梵·迪克主编的《话语研究：多学科导论》已由重庆大学出版社引进出版。——编者注

1.1 语言与语言习得

方 言

在这一节，我们将从非常基础的语言背景开始讲起。人们常常认为语法是告诉他们如何"正确"说话的规则。正确说话通常被认为是指受过教育的人的说话方式，但实际上语法并不是这样的。

除非有严重的问题，所有人学习母语都是早期生活社会化的一部分。每个人都学习其母语的某种变体——我们称之为"方言"。这种语言变体是从他们的祖先那里继承下来的。在美国，他们可能学习南方英语、非洲裔美国人英语、新英格兰英语或其他方言等。方言可以在词汇、语法或发音方面有些不同。

当然，美国的任何地区都有来自该国其他地区的人，因此在该国任何地方都有不同的英语方言。方言可以因地区（如，南方英语）、社会阶层（如，各种工人阶级方言）和文化群体（如，阿巴拉契亚英语）而变化。在许多其他国家，方言之间的差异比美国更加显著。

人们所说的"标准英语"是一种比较"特殊"的方言。"标准英语"是许多人认为"正确"的英语，既没有显著的区域变化，又被主流媒体和公众人物广泛使用。

标准英语源自 14 世纪伦敦一个经济实力雄厚的商人阶层。他们说的是中东部方言。由于他们的经济影响力越来越大，他们的方言迅速扩散到全国各地。这种方言慢慢地成了英国所谓的"标准发音"（Received Pronunciation, RP），并最终成了美国的标准英语。

许多美国人开始讲标准英语，并把这种方言传递给他们的后代，哪怕他们祖辈讲的是其他方言。例如，许多南方人为了说标准英语而放弃了他们的南方方言，而且以阿巴拉契亚英语或非洲裔美国人英语为母语者在工作和公共场合也经常讲标准英语。

标准英语有点像虚构的。我们都在以某种方式讲标准英语。其实所有方言都是这样。我们自己的方言或我们前辈的方言都影响着我们讲的标准英语，此外，我们在非正式场合（用土语）讲话时，我们使用的语言形式不会被应用在主流媒体和书面语写作等较正式的标准英语中。

语言习得

在大多数情况下，儿童口语习得是一个完全无意识的过程，完全不需要教，也不需要纠正。这一过程基本上是生物控制的。人类是有语言的生物。他们天生就具备习得一种人类语言的能力。

儿童的语言错误不需要纠正。当他们把"went"说成"go-ed"时，即使有成人给予纠正，他们也往往注意不到。他们最终还是能够学会"go"的过去时是"went"。事实上，儿童把"went"说成"go-ed"表明他们懂得英语过去时构成的一般模式是动词加"-ed"，当然也有一些例外（如，"went"）。他们只是过度扩展或过度概括了这种模式。这是语言习得的常见现象，表明儿童正在积极寻找——假设——规则或模式。他们不只是记住他们所听到的话语。

所有方言都遵循某些语法范式。这些语法范式在一定程度上是由人的语言生物能力控制的。人类大脑对人类语言的可能样子设置了某些约束，所有语言的所有方言都遵循这些基本约束。因此，没有"不正确的"的方言，方言只是彼此不同。当然，方言的声望的确会有不同，这要取决于人们如何看待说方言者及其社会地位。

人们往往认为方言的结构与标准英语不同，因此是"错误的"。例如，一些说非洲裔美国人英语的人会使用"动词原形 be"（如，"My puppy, he always be following me"和"We be having leftovers these days"）。由于标准英语不使用这种形式，许多讲标准英语的人认为这是不正确的。他们甚至会说，"说这种话的人根本不懂英语"。

然而，"动词原形 be"形式是有意义的：它不是错误的。这是语言学家所说的"延续体标记"。也就是说，这种形式表明一个动作或事件是一个常规事件，一次又一次地发生，并且是有特点的或典型的。很多语言都有延续体标记，虽然标准英语没有。这种形式被非洲裔美国儿童在英语习得过程中添加到了英语中，并寻找一种表达延续体的方式。历史上，儿童在习得语言的同时也改变了语言（如，西班牙语和其母语拉丁语差异巨大）。

著名语言学家诺姆·乔姆斯基（Noam Chomsky）认为，语言的生物能力为人类所有的语言提供了基本设置，也为不同的语言如何区别于这一基本设置制定了参数。因此，语言是人类天生的，或者说语言是人类的"本能"（就像某些鸟会筑巢或者会唱歌；它们不需要学习，天生就会筑巢或会唱歌），至少任何语言的核心或基本属性是人类天生的。从这个意义上来看，所有人类语言在深层次上都具有极大的相似性。

根据这一观点，人类习得的所有本族语言（第一语言）都是相等的，因为它们都符合人类语言的基本生物模式或设置。当然，乔姆斯基的观点是有争议的。然而，很清楚，所有的人天生具有学习语言的能力，而且人类语言的差异并不是完全任意的（即，语言存在共性，如所有语言都有名词、动词、主语和宾语等）。

语言随着时间的变化而变化。儿童在习得语言时也在改变着语言。例如，在英语的历史上，"apron"被写作"nappron"。但孩子们把"a nappron"听成了"an apron"。一旦一代人都说"apron"而不再说"nappron"，"正确的"形式就成了"apron"。如今，"nappron"的形式仍然可以在英语单词"napkin"中看到。成人也在改变语言。他们受到其他语言（如，双语）的影响时或需要传达新的信息时都会改变语言。

速度和清晰度

人类的语言表达必须既要有速度又要有清晰度。我们希望能够在不降低说话速度的情况下顺利交流，但我们也希望能够表达清楚。这两项要求可能会彼此冲突。如果我们把词语连在一起快速说出来，交流就有可能不清楚。如果我们把所有东西都清楚地说出来，交流的速度就可能降低。

在语言的历史上，我们可以看到人们在说话速度和表达清晰度之间寻求平衡的恒定张力。例如，拉丁语名词有"格结尾"，不同的名词结尾表示该名词是句子的主语还是直接宾语。所以"puella"是名词"女孩"的主语形式，"puellam"是直接宾语形式。拉丁语也有表示其他语法关系的格结尾。因为名词的结尾表示主语和直接宾语，拉丁语不必（像英语那样）用词序来表明一个名词是主语还是宾语，而且还可以比较自由地改变词序。例如，"Puella amat puerum"，"Amat puella puerum"和"Puella puerum amat"（"the girl loves the boy"之义）三句话都是符合语法的。

　　古英语的名词也有格标记，这一点很像拉丁语。但是，格结尾会使词语变得较长、较复杂，交流得也较慢。因此，这些格结尾在很长一段时间有被"侵蚀"（变短）并最终消失的趋势。这样语言表达就会变得更快。但一旦格结尾消失了，就没有办法知道像"女孩"这样的名词是用作主语还是宾语了。所以，我们失去了一些清晰度。英语的名词失去了格结尾（但代词仍然保留着格标记，如"he"和"him"，"she"和"her"）。为了表明主语和宾语，英语使用"主语＋动词＋宾语"的词序（如，"The girl loves the boy"），从而失去了拉丁语的词序自由。

　　到目前为止，我们只谈了口头语言，还没有谈书面语言。对于语言学家来说，口语是语言的基本形式。自从人类之成为人类（甚至可能更早），口语就贯穿人类的历史。人类生物学为人类学习口语做好了准备，并帮助人类学习口语，即通过我们大脑中的结构学习口语。从这个意义上来看，口语是人类生物学的一部分。

　　书面语言在人类历史上出现得较晚，最多只有大约10 000年。不是所有的文化都发明了书面语言（事实上，大多数文化没有书面语言），而今天所有的文化都有口头语言，而且过去也有。书面语言在人类进化史上并不悠久，不能成为人类生物学的一部分。

　　书面语言当然也是一种主要的语言形式，在交流中起着很重要的作用。在本书中，我们将既处理口头语言也处理书面语言。顺便说一下，美国手语属于"口头语言"，即便它是通过打手势来交流的。这是因为一些儿童是把它作为母语习得的，并且把它用于面对面交流。

阅
读
书
目

Chomsky, N. (2006). *Language and mind*. Third Edition. Cambridge: Cambridge University Press.

Clark, E. (2009). *First language acquisition*. Second Edition. Cambridge: Cambridge University Press.

Gee, J. P. (2011). *Social linguistics and literacies: Ideologies in Discourses*. Fourth Edition. London: Taylor & Francis,

Milroy, J. and Milroy, L. (1991). *Authority in language: Investigating Standard English*. Second Edition. New York: Routledge.

Pinker, S. (1994). *The language instinct: How the mind Creates language*. New York: William Morrow. ［详细介绍了乔姆斯基和平克斯本人语言能力天赋论的观点。］

Slobin, D. I. (1977). *Language change in childhood and history*. In J. Macnamara. Ed., *Language learning and thought*. New York: Academic Press, pp. 185-214. ［斯洛宾在该文中提出了说话速度和表达清晰度之间有冲突的观点。］

Wolfram, W. and Schilling-Estes. N. (2006). *American English: Dialects and variation*. Second Edition. Malden, MA: Blackwell.

1.2　语　境

语境和文化知识

在上一节，我们提出人类语言必须既要快速又要清晰。我们作为说话者每天都在速度和清晰度之间进行权衡。我们交流的时候不想说得太慢（或者，更糟的情况是我们的受话者会嫌我们说得太慢）。我们也不想说不清楚（或者，更糟糕的情况是我们的受话者会说他们不知道我们在说什么）。我们总是要做出一个判断，即我们能够为了追求速度而牺牲多少清晰度，或者我们为了在当前的语境中实现适当的清晰度而必须放弃多少速度。

为了加快速度，任何说话者都会留下一些东西不说出来，并假定听话人可以根据会话发生的语境知识理解出来。"语境"是话语分析中的一个关键词。那么什么是语境呢？目前，我们可以对语境给出这样的界定：语境是交际发生的物理环境，如身体、眼神、手势和在场人的活动等，在交际过程中说过的话和做过的事，以及交际双方的共有知识，包括共有文化知识等。

我们可以思考语境的一个方面，如共有文化知识。例如，在我的文化群体中，人们一般在晚上 6 点到 8 点之间吃晚饭。如果我想请你出去吃晚饭，问你几点见面，虽然我不明确说出来，但我也可以预料到你会说在 6 点到 8 点之间。其他文化群体中人们的正常吃晚饭时间可能会有所不同。我们很难看到说话者设想的和受话者带到交际中的共有文化知识有多少，因为这种共有文化知识通常被认为是理所当然的了。

尤卡坦州的一个实例

由于共有文化知识（语境的一个方面）常常被认为是理所当然的，我们现在来看在一个对于我们大多数人来说陌生的文化中进行的会话。我们不知道说话者会设想什么文化信息可以不用说出来。这个实例出自威廉·汉克斯（William Hanks）的书《语言和会话实践》（*Language and Communicative Practices*，1996）。

在墨西哥尤卡坦州的一个小镇上，一位名叫"唐·查坡"的玛雅萨满教徒正在与他的儿媳玛戈特和一位来访的人类学家一起在玛戈特的房间吃饭。一位名叫尤姆的年轻人从外面走了过来，站在窗口问道："唐·查坡在吗？"玛戈特答道："去那边儿。他在喝汤。从那边儿进来。"

这种文化之外的人不清楚这些话语的意义。大量的文化知识被当作是理所当然的了。例如，人们围坐在桌子旁明明是在吃饭，为什么玛戈特却说唐·查坡在"喝汤"？玛戈特说唐·查坡在"喝汤"，但他此时此刻正手拿面包卷目视前方。其实，在玛雅文化中，此时只要唐·查坡做的事情与（吃）饭有关，说他在"喝汤"也都是正确的。

玛戈特的回答同样也表明唐·查坡"在座"。即便他是站着或者甚至离开了座位去了房间的其他地方。甚至即便他在自己家里洗澡，说他"在座"也同样是正确的。

或者，我们再举最后一个例子，玛戈特使用玛雅语"那边"一词表示"与说话人的距离非常远"。尽管尤卡坦人用这个词语表示外面（即居住在墨西哥共和国其他州）的亲属，但她还是这么说了。虽然她是在告诉尤姆去她公公的房子，而她公公的房子离她的房子不足十米，在同一个院子里。

人们在吃饭的时候或者什么也不做的时候怎么能说是在"喝汤"呢？他们站着的时候或者洗澡的时候怎么可以说是"在座"呢？不到十米远的距离怎么能说很远呢？

这是因为，虽然玛雅人（这些玛雅人）吃饭时总是喝汤，喝汤时总是吃饭，但他们把吃早餐和晚餐称为"喝汤"，把吃午餐称为"吃饭"。此外，对于这些玛雅人来说，只要进餐时的应酬仍在继续，无论"饮食"是否已经结束，人们仍然是在"喝汤"或"吃饭"。

许多玛雅人生活的院子都有几栋房子，用围墙围着。他们用"在座"一词表示某人"在家"并有空，无论他在院落的哪个地方。另外，"有空"一词对萨满教徒来说具有特殊的意义，问萨满教徒是不是"在家"就是在问他是否有空见面。

玛雅人和我们一样对物理空间和社会空间以及二者的关系有自己的文化观点。由于玛雅人关于家庭内部社会关系和社会空间的文化等原因，玛戈特被排除在她公公的房子之外，除非她有待在那里的特殊理由。因此，她用"很远"一词传递的是社会距离而不是物理距离。

在这个简单的例子中，我基本上没有给你讲为了充分理解这些简单的话语而需要知道的前提信息（比如，为什么答话的是玛戈特而不是唐·查坡？）。要真正理解他们，我们还需要理解（某类）玛雅人的社会等级、性别、食物、应酬、萨满教等在当地背景下的日常运作方式。我们把很多文化知识都当作理所当然的。话语分析的目标之一正是要揭示并有意识地理解这种通常被认为是理所当然的知识。

把理所当然变成新奇和陌生

我们在自己的文化中分析自己的话语需要一种特殊的技能。我们必须把我们通常认为完全"正常"和"自然"的东西变得陌生。我们之所以感觉前述玛雅人的交流很"奇怪"，是因为这种交流对我们来说是全新的。

要做话语分析，我们必须把旧的和理所当然的信息看成是全新的。我们需要明白，说话者没有把所有的信息都说出来，因为他假设受话者知道这些信息并会把这些信息添加到交际当中。交际和文化就像冰山一样，只有一小块浮现在水面之上，绝大部分隐藏在水面之下。那些没有说出来的信息是假设可以从语境中获得或推理出来的。

通过把自然的——我们通常认为是理所当然的——知识变得新奇陌生，我们可以有意识地思考我们带到任何交流中的所有知识、假设和推理。有时候，我们甚至会怀疑我们认为理所当然的文化知识和假设（或其他人的文化知识和假设）的某些方面，因为我们断定这些方面有失公平、公正和人性，对我们自己或他人都是有害的。我们在交际中所做的事情并不总是有益的。

阅读书目

Duranti, A. (1997). *Linguistic anthropology*. Cambridge: Cambridge University Press.

Duranti, A., Ed. (2009). *Linguistic anthropology: A reader*. Malden, MA: Blackwell.

Duranti, A. and Goodwin, C., Eds. (1992). *Rethinking context: Language as an interactive phenomenon*. Cambridge: Cambridge University Press. [关于语境的重要著作。]

Hanks, W. F. (1995). *Language and communicative practices*. New York: Westview. [真正的经典之作，值得深读细读。]

Van Dijk, T. A. (2009). *Society and discourse: How social contexts influence text and talk*. Cambridge: Cambridge University Press.

语法插话
指示语

在第 1.2 节的例子中，玛戈特说"去那边儿。他在喝汤。从那边儿进来"时，语言学家所说的指示词（指向词）发挥着极其重要的作用。指示词的所指必须可以从上下文中得以确定。常见的指示词有三类：（1）人称词（I/me, you, he/him, she/her, we/us, they/them）；（2）地点词（here/there, this/that）；（3）时间词（now/then, yesterday/today）。这些词也被称为"转移词"，因为它们的所指随着语境的变化而转移。

如果我说"Brad Pitt likes chocolate cake"，你可以知道"Brad Pitt"，"chocolate"和"cake"的所指。但如果我说，"He likes it"，你不知道"he"指谁，也不知道"it"指什么。只有在特定的语境中它们才有意义，即前面说了什么话或者什么和谁出现在这个语境中。玛戈特说"去那边儿。他在喝汤。从那边儿进来"时，听者只能根据手势弄清楚"那边"指什么，根据前面提到的唐·查坡的名字我们知道"他"指谁（我们有必要指出，玛雅语有一个词"那边"的意思是"近"，另一个"那边"的意思是"远"）。

指示词把话语和写作与语境联系起来。如果受话者（使用语境信息）没有弄清楚指示词的所指，他们就不明白这个词是什么意思，或者他们会误解它的意思。同时，说话者使用指示词时，他们认为受话者可以弄清楚指示词的所指。例如，我来找你，说"She is at it again!"我是假设你对我们以前谈论过的一个女人和她的滑稽行为（或者在这种情景之下发生的一些明显的事情）有深刻的印象，我不需要再提及她的名字。

然而，英语指示词"this"和非指示词"cake"的区别虽然在语言学上是清楚的，但是在语言的实际使用中未必总是清楚的。例如，我们可以比较以下两句话："John had been drinking, so I drove him home"和"John was drinking too fast and dribbled it all down the front of his shirt"。在许多情况下，第一句话中"drinking"的意思是"喝酒"，第二句话中的"drinking"可以是任何饮料。因此，即使使用非指示词，我们也经常需要在具体的语境中确定词语的具体意思。

再举一个例子。当我们说"The coffee spilled, go get a mop"时，我们是在谈论一种液体，但当我们说"The coffee spilled, go get a broom"时，我们是在谈论颗粒。正是"mop"和"broom"形成了"coffee"在这两个句子中具体所指的语境。在"The coffee spilled, clean it up"中，只能是物理语境或之前说过的话来告诉你"coffee"的具体所指。

这并不意味着"drink"和"coffee"之类的词——或者所有的词（因为任何单词的具体含义都是从语境中确定的）——都是指示词。实词确实比指示词提供给我们的内容意义更多，这样我们可以更容易确定它们在语境中的具体所指。但是，这也说明了在实际语言使用中所有的词语都具有类似指示词的属性。

英语定冠词（"the"）就像一个指示词。我突然对你说"The woman is at it again!"和我对你说"She is at it again!"一样，我们不知道"the woman"和"she"的具体所指。在这两种情况下，你都必须从我们以前的交际中推理出"the woman"和"she"的所指。定冠词（"the"）的使用，说明说话者假设受话者已经（从语境或以前的知识中）知道了这个名词短语的所指。不定冠词（"a"，"an"）不具有这种指示功能。如果我说"A woman came in"，我不是在假设受话者已经知道我指的是谁；如果我说"The woman came in"，我是在假设受话者已经知道或者可以推理出我指的是谁。

我们现在可以介绍指示—工具。指示—工具对我们将在 1.3 节中介绍的填充—工具的使用有很大的帮助。

工具 1

指示—工具

对于任何交际，询问如何使用指示词连接话语与语境，并假设受话者已经知道或者可以推理出什么。请以同样的方式思考定冠词的用法。还要询问常规词在语境中具有什么类似指示词的特征，也就是说，常规词哪些方面的具体意义需要从语境中得以填充（我们将在第 4.2 节"情景意义—工具"中再次提到这一点）。

─────── **练习任务 1** ───────

下面这些语料我们将在第 1.4 节再次看到。一位中学教师在给几个人讲一件事情：她学校的一位课程协调员（玛丽·华盛顿）让她打电话给当地一所大学（伍德森大学）的一位历史学家（萨拉）。这位历史学家想和当地中学的教师合作，请他们的学生参与口述历史（即访谈这个城镇的过去）及其他类型的历史研究项目。这位教师（卡伦）使用的是指示词"here"，因为会议是在她的学校举行的。语料中的所有人名和地名都是化名。请阅读这些语料并回答其后的问题。

在下面转写的文字中，粗体字表示语气加重，即强调的内容；符号"//"表示语调轮廓到此结束（就像句号）；符号"/"表示语调轮廓尚未结束（就像逗号）。我们将在（第 1.5 节后）语法插话 #3 中讨论语调。此时细节并不重要。

另外，使用转写的口头语料时，因为你要思考它的意思，所以你一定要大声朗读出来。现在请大声朗读下面的话语：

LAST YEAR/

Mary Washington /

who is our curriculum coordinator here /

had a call from Sara //

at Woodson //

And called me /

and said (pause) /

"We have a person from Woodson /

who's in the History Department /

she's interested in doing some RESEARCH /

into BLACK history //

And she would like to get involved with the school /

And here's her number /

Give her a call" //

问题：

1. 找出这段话中所有的指示词，并说出你认为它们是什么意思，受话者如何知道它们的意思。

2. 卡伦直接引用了玛丽·华盛顿的话"we have a person..."，其中的指示词"we"指谁？"we"是指庄重人称代词"we"的单指（所以玛丽·华盛顿实际上是指她自己）吗？还是包括玛丽·华盛顿和卡伦两个人呢？还是指由学校和学校里的师生组成的一个机构呢？这一点是否模糊不清？这个"we"包括萨拉吗？你认为卡伦在这里用"we"是想实现什么交际效果？

3. 为什么卡伦不说"There is a person from Woodson ..."，而是说"We have a person from Woodson"？顺便说一下，卡伦在一年以后不可能记着玛丽当时使用的确切词语。在很多情况下，说话者引用他人的话时，往往把一些话归给他所引用的某人，而这些话实际上某人根本就没有说过，而是包含了说话者自己想表达的意思和想实现的目标。

4. 你在第 1.4 节再次读到这些话（和卡伦说的其他话）时，请再回到这些关于"we"的问题来，并思考你现在的答案是不是适合于后面较大的语料分析。

5. 专有名词（如，萨拉、玛丽·华盛顿和伍德森）不是指示词，因为它们不能在不同的语境中切换意义。但是，专有名词不像 "school" 和 "number" 等实词承载那么多的内容意义。人们在听到这些名字以后怎么知道玛丽·华盛顿是谁，萨拉是谁，伍德森是什么？

6. 上面语料中的 "number" 既不是指示词也不是专有名词，而是一个实词（名词），比指示词或专有名词具有更丰富、更实际的含义（类似定义）。但是，这个词在不同的语境中可能有不同的具体含义。这里的具体含义是什么？受话者如何知道这个具体含义？

阅读书目

Brown, G. (1995). *Speakers, listeners, and communication: Explorations in discourse analysis*. Cambridge: Cambridge University Press（参见第 4 章）.

Fittmore. C, (1997). *Lectures on deixis*. Berkeley, CA: Center for the Study of Language and Information. [讲义 —— 永远的经典。]

1.3 两个工具：填充—工具和陌生化—工具

交际和语境

下面我用图示说明迄今为止我们开发的交际和语境。这个图我们以后还会修改，但现在已经足够适用于我们的目的：

话语内容 + 语境 = 话语意义

交流发生的物理背景及其中的一切：身体、眼神手势和在场者的位置移动；参与交际者以前所说的话和所做的事；参与者的共有知识，包括共有文化知识等。

受话者的工作 = 思考说话者的话语内容及其语境，以此为基础做出假设并进行推论，使说话者的话语清晰、完整。我把这项工作称为"填充任务"。因为说话者总是留下很多信息没有说出来（但假定受话者知道或可以推理出来），所以受话者使用话语和语境来填充或完成说话者所说的话。

工 具

到目前为止，在讨论语言和语境的过程中，我们已经为两个新的话语分析工具打下了基础。第一个工具我们称为"填充—工具"，第二个工具我们称为"陌生化—工具"。两个工具相互关联，陌生化—工具有助于我们使用填充—工具。

> 对任何交际，询问：根据话语内容和语境，需要填充什么才能使话语清晰？哪些信息是没有明说但仍然被认为是已知的或可推断的？受话者应该运用什么知识、假设和推理，以使交际清楚易懂，并实现说话者的意图？

工具 2
填充—工具

成为"抗拒性听者"（或"抗拒性读者"）的方式很多。抗拒性听者故意拒绝接受说话者期望受话者接受的知识，拒绝做出说话者期望受话者做出的假设和推理。例如，说话者可能是一个种族主义者，他会要求我们假设白人优于其他人。然而，如果我们不首先尝试了解人们的前提假设以及他们相信并为之付诸行动的理由，我们就很难真正理解他们——即使我们想反对他们。如果我们完全反对他们的观点，我们就很难尝试去了解他们。即便我们尝试了，也最终会使受话者的抗拒力更强、更合理。

工具 3

工具陌生化—

在任何交际中，尽量表现得像个"局外人"。询问自己：如果某个人（哪怕是火星人）没有局内人认为自然的、理所当然的共有知识和假设，不进行推理，那么这个人在这里会发现什么是陌生（不清楚、混乱、值得怀疑）的呢？

阅读书目

Shklovsky, V. (1965). Art as technique. In L T. Lemon and M. J. Reis, Eds., *Russian Formalist criticism: Four essays*, pp. 3-24. Omaha, NE: University of Nebraska Press. [本文介绍了"制造陌生化"的概念及其在艺术中的作用。]

1.4　使用填充—工具

下面，我们使用填充—工具分析一些语料。我将只给你提供很少一点儿关于语料发生的背景信息。然后，我会请你思考一些问题。这些问题可以帮助你弄清楚为了理解这些语料你需要知道什么，帮助你根据说话内容和你所知道的知识或者可以根据语境推测到的知识思考你需要"填充"哪些没有明确说出的信息。

我想请你思考你需要的信息（有些你需要的信息这里可能没有）、你需要做出的假设、你需要为了使交际有意义而进行的推理。如果你不完全了解语境，你就必须根据话语内容和你自己的个人知识来理解什么是语境。这种情况即使在日常生活中也不罕见，更不用说我们话语分析者了。

话语分析者和受话者的任务是类似的。下面转写的语料涉及的受话者需要利用他们的某些知识，提出某些假设，并做出某些推论，以（基于话语内容和语境）实时理解他们听到了什么。然而，对于他们来说，这些过程在大多数情况下是无意识的、迅速完成的（话说得快消失得也快），而没有太多时间思考。你对语料的分析当然是有意识的，你有时间思考。但是，在你的分析过程中，你会在某种程度上尝试揭示受话者为了理解交际所必须知道、假设和推断的信息。

重要的是要明白，当我说我们试图理解某人的意思时，我的意思是我们在尝试弄明白他们想说什么，他们的意图是什么，以及他们试图达到什么目的或实现什么目标。我们这里使用的"意义"一词是广义上的意义。

当然，我们永远不能完全确定人的意图和目的，甚至有时我们也无法完全确定我们自己的意图和目的。在人们的头脑中有很多无意识。而且，我们自己也并不能完全意识到我们自己的理由、目的和意图。我们可以通过与他人交谈或反思我们的言语及行为来发现这些无意识的事情。其实，普通人和话语分析者都是尽其所能，对意义做出最好的、信息量最大的"猜测"。

下面的语料激起了一个有趣的波澜。有几个不同背景的人听了这段话，他们并不都知道同样的事情。当然，这种情况在今天的生活中很常见，因为我们经常与不同种类的人交流。因此，这些人并不都以同样的方式看待语境。例如，他们并不完全共享说话者所拥有的文化知识（如，"教师文化"与"大学教授文化"之间的差异在下述语料发生的项目中引起了一些冲突）。

这群人中有一部分比其他人能更好地"填充"说话者期望他们拥有的信息、假设和推论。说话者当然知道这一点。和所有说话者一样，她也考虑到了这一点。而且，事实上，她在某些方面利用了这一点。她在根据房间里这些人与她共享的知识和文化的多少来与不同的人交流——很可能她知道她是在交流——不同的事情。说话者是一名当地中学教师，她非常清楚地知道房间里的其他教师会比不是教师的人"填充"更多的信息（如，补充更多共享文化背景知识）。

　　所以，情况很复杂。作为一个话语分析者，你想要揭示这种复杂性。这个说话者像所有说话者一样绝不只是传达信息。她还在做其他的事情，包括尝试在这群人中创建、转换和协调人与人之间的社会关系。我们将在本书后面讨论这种事情。现在，尽可能"填充"信息，并思考这个团队中不同的人是如何（根据他们与说话者共有或不共有的知识）交流的。思考团队中不同的人对交际和说话者的意图理解了什么。

　　我这里有一点儿关于这段语料的背景信息：伍德森大学一个研究所（所有名字都是化名）正在与该大学一位名叫萨拉的教授合作。萨拉希望与当地一些中小学合作，请学校的教师动员他们的学生参与自己所在社区和城镇（米德维尔）的历史调查。调查的方式包括采访年长者和查看人口普查数据等。

　　于是他们召开了一次会议，出席会议的人包括两所学校的几位教师、萨拉和她的两个学生、研究所的一位代表（她本人也是大学教授）、来自其中一所学校的一名管理员和来自当地历史博物馆的两名课程顾问。研究所的代表主持会议。由于她知道此前萨拉和其中一个学校联系过，也知道关于该项目的一些活动，她要求该学校的卡伦老师讲一讲此次会议前已经发生的事情。下面是卡伦说的一部分话——开头部分。转写使用了一些符号标记，当然并不是所有的符号标记现在都用得上。"/"表示听到的是"非终结"性（表示话还没有说完）语调，"//"表示听到的是"终结"性（闭合，接下来是另一个信息单元，在书面语中通常是不同句子中的信息）语调。在真实的会话中，终结性语调轮廓有时会在书面语句子非结尾处出现。我们稍后会看到这些情况，但现在没必要展开详细讨论。

　　下面转写文字中的字母大写词语表示被强调的信息（要么是通过增加响度要么是通过改变音调来实现）。在这里，我们只要知道这些词语是强调的就够了。但是，卡伦没有说明为什么要强调这些词，所以受话者只好自己去"猜测"。这是受话者为了清楚理解卡伦的意思而必须添加进去的部分信息。

LAST YEAR /

Mary Washington /

who is our curriculum coordinator here /

had a call from Sara //

at Woodson//

And called me /

and said (pause) /

　"We have a person from Woodson /

Who's in the History Department /

she's interested in doing some RESEARCH /

into BLACK history //

And she would like to get involved with the school /

And here's her number /

Give her a call" //

And we– I DID call her /

And we um BOTH expected /

to be around /

for the summer institute //

at Woodson //

I DID /

ah participate in it /

But Sara /

Wasn't able to do THAT //

（萨拉试图打断但没有成功）

─────────── **练习任务 2** ───────────

这段话的语境你知道得很少。根据你所知道的（不仅是我告诉你的，也包括你自己的知识）和转写的语言，请回答下面的问题。这里的关键点是观察并思考为了获得清晰信息你需要添加什么东西（你需要做出什么样的推理或猜测，你需要具备什么知识，你必须提出什么假设——所有这些在交际中都没有明确说出来）。同样，因为我稍后会告诉你更多的背景知识，所以请思考随着你的背景知识的增加，你对交际的理解有什么变化（你认为其中的意思是什么）。

不要胆怯，你可以放心大胆地猜测，不用担心与别人不一致。我们稍后会看到，做话语分析时，对意义进行大胆猜测是没有问题的。这里的关键点不是追求"正确"，而是思考我们人类给使用中的语言赋予意义的过程。

问题：

1. 参加会议的人都知道萨拉来自伍德森大学（他们在卡伦说话之前都做过自我介绍）。那么，卡伦为什么还要明确地把这一信息说出来呢？

2. 为什么卡伦使用玛丽·华盛顿的全名，但只使用萨拉的名字（萨拉是伍德森大学的终身教授）？

3. 为什么萨拉的电话内容被直接引述而不只是简单地总结（比如 "Mary Washington said Sara wanted to get involved with the school and that I should call her"）？

4. 为什么要强调 "last year"？

5. 为什么要强调 "research" 和 "black"？

6. 为什么要强调 "did"（call her），"both"，"did"（participate），

"Sara"和"that"？

7. 为什么萨拉恰好在提到她时试图打断卡伦？

8. 卡伦的哪些语言让你知道萨拉做的事情让她生气或烦恼？

9. 你认为萨拉做了什么事情激怒或烦扰了卡伦？

10. 你需要知道哪些其他方面的背景信息来理解卡伦的意思和意图？

11. 为了完全理解卡伦的意思和意图，你需要知道房间里谁是非洲裔美国人、谁是白人、谁是别的什么人吗？你需要知道玛丽·华盛顿是不是非洲裔美国人、白人或别的什么人吗？卡伦呢？萨拉呢？其他人呢？

12. 卡伦后来说，在与萨拉谈话后，她去了朋友兼同事简那里，并要求她参与历史项目。所以那时有三个人参与了这个项目：卡伦、萨拉和简。卡伦随后说：

Well at that point there were three of us (laughs) //

back in the SUMMER //

And all three of us had not yet /

met together //

卡伦的这几句话与上面某一个或某几个问题的答案有关吗？

这些问题旨在让你了解填充—工具是如何运作的。使用该工具时，你要询问什么信息、假设和推论可以帮助理解说话者想用语言表达的意义和用语言实现的目标，他们的目的是什么，他们想要做什么（所有这些都是意义的一部分，这一点我们将在本书后面看到）等。

但愿上面的语料和问题能够让你意识到"填充"任务对于受话者和我们话语分析者来说都是不容易的，会出现许多问题。普通人在日常交流时通常没有时间去追随并有意识地去思考这些问题。但有时候，他们会打断说话者（如萨拉试图做的），并尝试明确提出其中一些问题（如果萨拉有机会说话她肯定要这么做）。有时候如果不提出来，以后可能会让人陷入麻烦（就像这个项目中发生的那样，你可能会想到的一些问题随后被项目参与者由于不能相互理解而明确地提了出来）。

语法插话
主语和
谓语

世界上所有的语言都是围绕主语和谓语这种基本结构组织的。不同的语言具有不同的指示句子主语的方式。有些语言在名词的末尾使用特殊标记（"格"）以表明该名词是主语（如，"puer"［男孩］在拉丁语中作主语）或直接宾语（如，"puerum"［男孩］在拉丁语中作宾语）（英语"he"用作主语，"him"用作宾语）。其他词尾用来表明主语和宾语之外的其他语法功能。

在英语中，我们使用词序来表明主语和宾语：主语位于动词之前，宾语位于动词之后。此外，在现在时中主语和谓语动词保持一致，例如"The girl leaves today"（单数名词作主语，第三人称单数动词现在时）和"The girls leave today"（复数名词作主语，复数动词现在时态）。动词"to be"在现在时和过去时中都与其主语一致："The girl is good"，"The girls are good"，"The girl was good"，"The girls were good"。

在句子中，动词将主语（通常由名词或名词短语充当）和其他成分连接起来，比如宾语（如，"Mary loves the man"），补语（如，"Mary thinks that the boy left home"），介词短语（如，"Mary went to the park"，"Mary saw the man in the park"）或其他成分（如，"The students elected John President"中"President"被称为"名词性谓语"）。动词"to be"被称为系词，用来连接主语和名词或名词短语（如，"Mary is a woman"，"Mary is the oldest woman"），和形容词或形容词短语（如，"Mary is tall"，"Mary is very tall for a woman"）。

谓语是动词和动词后的所有成分，这些成分由动词连接至主语。在下面的句子中我为谓语画了线：

1.Mary loves the man

2.Mary saw the man in the park

3.Mary is the oldest woman in the university

4.The young woman gave the boy a gift yesterday

5.Mary has a hat on her head

句子的主语是"我们在谈论什么"。我们将其称为句子的"主题"。主题是关注的中心，信息是围绕着这个中心组织的。谓语是"关于主语，我们在说什么"。谓语提供有关主语的信息。

因此，如果我说"Stanford admitted my daughter"时，我

选择了"Stanford"作为话题、关注的中心以及信息组织的出发点。但如果我说"My daughter was admitted to Stanford"，我选择了"My daughter"作为话题、关注的中心以及信息组织的出发点。两句话说的是同一件事情，但信息组织形式不同。

一旦说话者引入一个话题，如果他或她想继续谈论这个话题，那么再次提到这个话题时他会使用代词来指代（如，"Stanford admitted my daughter. They are lucky to have her"或"My daughter was admitted by Stanford. She is really thrilled"）。很多日常话语是由一个有完整名词短语作主语的句子和随后几个由代词充当主语的句子组成的。这样，说话者可以创造一个话题链，持续谈论同一个话题。

说话者使用主语选择策略，引导受话者在头脑中组织信息，正确处理话语内容。例如，第1.4节的语料中有下面两句话：

1.Mary Washington who is our curriculum coordinator here had a call from Sara at Woodson.

说话者也可以这么说：

2.Sara who is at Woodson had called Mary Washington.

在句（1）中，"Mary Washington who is our curriculum coordinator"是主语和话题；在句（2）中，"Sara who is at Woodson"是主语和话题。你可以回到第1.4节，阅读这些语料并思考说话者为什么这样选择（即使用"Mary Washington who is our curriculum coordinator"而不是"Sara who is at Woodson"作主语／话题）。

观察说话者的主语选择及其关于主语说了什么，是话语分析的一个主要语法分析工具。

> 对于任何交际，询问为什么说话者选择这个主语／话题——他们关于主语说了什么。询问他们是否会做出其他选择以及会如何做出选择，但为什么没有这么选择。就主语和谓语而言，他们为什么会这样组织信息？

工具 4
主语—工具

阅读书目

Finegan, E. (2007). *Language: Its structure and use*. Fifth Edition. Boston, MA: Thomson Wadsworth. [呈现语言风格差异的入门书。]

Strawson, P, F. (1974). *Subject and predicate in logic and grammar*. Aldershot, Hants, England: Ashgate. [经典哲学著作。]

1.5　使用陌生化—工具

做话语分析时，我们经常会处理交际结束以后的"事后"语料。因此，我们必须尽可能地重构语境。当然，我们有录音语料。但是，这种录音没有完整的语境，即使是视频也没有。我们必须从笔记、访谈以及其他语料和研究中重构尽可能多的语境。

我们在第 1.2 节中提到过，在一个熟悉的文化背景中，我们会把太多的事情看作是想当然的。我们经常错过说话者没有明确说出的信息，这要求我们和其他像我们一样的人根据语境填充这些信息。因此，我们话语分析者必须学会把我们认为理所当然的信息当作新的、陌生的信息。所以，在做话语分析时，局内人和局外人共同研究相同的语料是有好处的。

下面这些语料有些读者熟悉，有些读者不熟悉。一位老师和一个小学一年级孩子在度过"共享时间"（有时也称为"展示时间"或"地毯时间"）。在这个班上，和在许多其他班上一样，孩子们轮流与同学分享一些东西。这里，明迪正在和同学们分享做蜡烛。

老师靠近明迪坐着，搂着明迪，明迪站着。明迪说话时，老师几次打断她。其他孩子做分享时老师也这么做。明迪根本没有受到老师的干扰。事实上，二者保持同步且相当协调，就像一个优秀的舞蹈团队一样。

如果你不熟悉小学课堂和分享时间，那么你就是这些语料的局外人。你可能会看到局内人看不到的奇怪的事情。其实，这样很好。

如果你对小学和分享时间非常熟悉，那你就是这些语料的局内人。你可能会漏掉一些事情，把它们看作是"自然的"、正常的、不值得评论的。同时，由于你对语境有了较深入的认识，（如果你能把

你的无意识的和想当然的知识变成有意识的知识）你就可以更好地对
事情的意义做出判断，对为什么这样做事情做出判断。

局外人可以帮助局内人把旧事物再次看成新事物。局内人可以帮
助局外人更深入地使用语境来纠正对意义和目的的判断。

如果你是下面语料的局内人，且没有局外人的参与，你必须学习
像局外人一样看待语料。也就是说，你必须把这些语料看成是新的、
陌生的。这样，你可以通过使用的语言来解释意义是怎么呈现的，做
出了什么行动，实现了什么目标等。

如果你是下面语料的局外人，且没有局内人的参与，你必须猜测
并做一些研究。你可能要询问小学生课堂上会发生什么事情。现在，
如果你不能做这项研究，那么你可以猜测并思考语料中可能是新奇的
东西。作为局外人，你认为新奇的东西对局内人来说可能是很自然的。

无论你是局内人还是局外人，你的任务是陌生化这些语料。我要
指出的是，人们已经做过很多关于分享时间的研究。研究发现，教师
并不总是能够完全意识到他或她在分享时间所做的一切，以及为什么
会这么做。由于教师参与过这样的研究，他们以后读到这些语料时，
或者他们做自己的研究时，他们可能才会发现他们想表达的某些意思，
以及他们为什么要做他们当时正在做的事情。我们大家都是一样的。
我们没有意识到我们的目的和动机。当别人研究我们时，我们才可能
发现一个新的自己，或者在行动之后我们才会有意识地思考我们所说
的话和所做的事。

第一次看到下面的语料时，我对学校一无所知。我发现这些语料
和其他共享时间语料很奇怪。仅举一个例子：为什么老师给明迪错误
的答案"面粉"？或者说，她为什么要打断明迪和其他学生？

我前面说过，老师打断明迪时，明迪并没有受到困扰。但对一些
（但不是所有）非洲裔学生来说可不是这样。老师和非洲裔学生不能

同步。老师如果在不该打断的地方打断了他们，他们就会受到严重干扰。这很奇怪，不是吗？

练习任务 3

请阅读下面的语料，并指出局外人可能认为是奇怪的、值得评论的或值得询问的方面。请注意老师与学生的互动方式，对老师的意图和目的给出假设。读完之后，请思考并回答：对这位老师和其他像她一样的老师来说，分享时间的总目标是什么？

明迪的分享时间

明迪：When I was in day camp /

　　　we made these /

　　　um candles //

老师：You made them?

明迪：And uh /

　　　I‑I tried it with different colors /

　　　with both of them but /

　　　one just came out/ this one just came out blue /

　　　and I don't know what this color is //

老师：That's neat‑o //

　　　Tell the kids how you do it from the very start //

　　　Pretend we don't know a thing about candles //

　　　... OK//

　　　What did you do first?

　　　What did you use?

　　　Flour?

明迪：Um ... here's some /

　　　hot wax / some real hot wax /

　　　that you /

　　　just take a string /

　　　and tie a knot in it //

and dip the string in the um wax //

老师：What makes it uh have a shape?

明迪：Um / you just shape it //

老师：Oh you shaped it with your hand //

mmm //

明迪：But you have/

first you have to stick it into the wax /

and then water /

and then keep doing that until it gets to the size you want it //

老师：OK//

Who knows what the string is for? [asked to the class]

练习任务4

　　在下面关于骆驼牌香烟的广告中，我们大多数人很容易看到新奇的东西。卷烟公司是在试图让我们对香烟有一种全新的认识，试图让我们开始以一种想当然的方式看待香烟。这对一个害人产品来说是一项很艰巨的任务。他们会如何让我们看到他们这款新型香烟的特别之处呢？

CAMEL SIGNATURE MELLOW

is deliciously smooth with sun-cured

tobacco taste.

Signature Blends are the result of

thousands of passionately creative

adult smokers working together to

help create our most severely

interesting smokes yet.

The art of collaboration never tasted so good.

Get in the Blend@

amelsmokes.com

阅读书目

Michaels, S. (1981). Sharing time：Children's narrative styles and differential access to literacy. *Language in Society* 10：423-42. [明迪的语料来自萨拉·迈克尔关于共享时间的研究。]

语法插话

语调 3

本节将讨论言语产生的几个方面，以及言语的产生与说话者希望传递和受话者（积极地、创造性地）尝试"恢复"或填充的意义之间的关系。多亏了人类天造地设的大脑和发音系统，言语的产生是一股股小迸发。每个小迸发都有自己的语调轮廓（见下文），并且通常发生在轻微停顿之前和 / 或之后。如果不加以特别关注，我们通常不会听到这些小迸发，因为我们的耳朵会把它们糅合在一起，给我们造成一种幻觉，以为言语是一个不间断的连续体。在英语中，小迸发一般是一个小句那么长，虽然不是全部都那么长。小迸发被称为"音调单元""思想单元"或"行"。这里我将使用"思想单元"这一术语。

人们可以粗略地把"小句"定义为任何动词和"聚集"在动词周围的成分组成的语法结构。所以，"Mary left the party because she was tired"这个句子有两个小句"Mary left the party"（"Mary"和"the party"聚集在动词"left"周围）和"because she was tired"（"she"聚集在动词"was tired"周围）。句子"Mary left the party"只包含一个小句。句子"Mary intended to leave the party"中也有两个小句，"Mary intended"和"to leave the party"（"Mary"被理解为"to leave"的主语）。第二个小句（"to leave the party"）被嵌入在第一个小句（"Mary intended"）中作为动词"intend"的直接宾语。这两个小句紧密地捆绑在一起，通常被作为一个小迸发说出来。

下面的例句来自一个七岁的非洲裔美国儿童在分享时间讲的故事。除了句（2）和句（5）以外，每个言语小迸发都是一个小句的长度。在句（2）和句（5）中，小句的一部分被分离出来作为一个小迸发。（当然，儿童的言语单位往往比成人的短）。

一个小迸发是一个思想单元，而且每个小迸发都包含一个新信息单元：

　　1.there was a hook

　　2.on the top of the stairway

　　3.an'my father was pickin me up

　　4.an'I got stuck on the hook

　　5.up there

　　6.an'I hadn't had breakfast

　　7.he wouldn't take me down

　　8.until I finished all my breakfast

　　9.cause I didn't like oatmeal either

　　为了了解英语中的小迸发是怎么运行的（小迸发在不同的语言中有不同的运行方式），我们需要讨论一系列相关的语言概念：虚词、实词、信息、重音和语调。我们从虚词和实词的区别开始讨论。

　　实词（content words），有时也称"词汇词（lexical words）"，属于言语的主要部分，包括名词、动词和形容词等。这些词类被称作"开放类"，因为每一类都有许多成员，而且语言随时都会通过从其他语言中借用或者创造新词的方法来给这些词类添加新成员。

　　虚词（function words），有时也称"语法词（grammar words）"属于较小的类别，被称作"封闭类"，因为每一类虚词的成员数量都相对较小，而且语言能抵制从其他语言中借用或创造这种新词（虽然有时候也会）。限定词（如，"the"，"a/n"，"this/that"，"these/those"——这些词有时也被称为"冠词"），代词（如，"he/him"，"she/her"，"it"，"himself"，"herself"），介词（如，"in"，"on"，"to"，"of"）和数量词（如，"some"，"many"，"all"，"none"）等都是虚词。

　　虚词表明一个短语、小句或句子中的实词是怎样彼此相关或者信息片段是怎样纳入整体交际过程的。例如，有定限定词"the"表明其后的信息对说话者和受话者来说是"已知"的。代词表明其所指在前面已经提到过，或者很容易在交际语境中或基于说话者和受话者的共有知识中得以识别。介词使名词和名词短语与其他词语连接（如，在"lots of luck"中，

"of" 连接 "luck" 和 "lots"；在 "ideas in my mind" 中，"in" 连接 "my mind" 和 "ideas"；在 "look at the girl" 中，"at" 连接 "the girl" 和动词 "look"）。我还没有提到副词。副词比较复杂，其功能很多时候是介于虚词和实词之间的。

由于功能词携带较少的真实交际内容（它们的作用是充当句子的语法信号），我们可以说它们没有实词的信息量显著。虽然肯定是有用的，但通常不是必需的。这一点任何发过电报的人都知道（如果有人发过电报的话！）。

因此，我们可以在句子中区分两种类型的信息。首先，我称相对较新的、不可预测的信息为"凸显信息"。任何一个实词如果我们不知道其确切意思，那么它在句子中的具体意义也是不可预测的。如果句子中缺少一个实词，我们就很难预测是什么词。因此，实词通常比虚词的信息凸显度高。

其次，我把给定的、被认为是已知的或者可以预测的信息称为"低凸显信息"。很多时候，即使你没有听到一个虚词，你也完全可以预测它应该在什么地方，应该是哪个具体的词。例如，如果你听到 "Boy has lots ideas" 这样的句子，你可以预测 "boy" 前面漏掉了 "the"，"lots" 和 "ideas" 之间漏掉了 "of"。但如果你听到 "That man has lots of"，你就预测不到 "of" 后应该出现什么实词。因此，虚词通常比实词的信息凸显度低。

一般来说，实词和虚词之间的区别是两类信息的区别。但是，除了这种粗略的区分之外，信息凸显度的高低只能在实际语境中获得。现在我们就谈谈这个问题。

英语中的凸显信息由重音（stress）来标记。反过来，一次言语迸发中的不同重音类型构成这次迸发的语调轮廓。为了理解这些术语，我们看下面一段简短的对话：

说话者一：Have you read any good books lately?

说话者二：Well, I read a shocking book recently. [然后继续描述这本书]

说话者二的回答方式在一定程度上是说话者一的话语引起的。说话者一的话语代表了说话者二的回答发生的部分语境。我们可以思考一下说话者二本来可以怎么说。说英语者一般根据他们赋予一个词的重音多少来标记这个词的信息凸显度。

重音是一个心理学概念，而不是一个物理学概念。讲英语者在一次小迸发中可以（不自觉地）使用并听到几个不同程度的重音，但这并不是一成不变的物理标记。重音通过增加音量、增加音长，以及通过（提高或降低音高，或向上或向下滑动音高）改变音高等物理手段来标记。任何一个或两个物理手段都可以用来平衡其他手段，只是平衡方式比较复杂。

在任何情况下，讲英语者都是不自觉地使用并识别重音，而且稍加练习便可以变不自觉为自觉（有些人能够更自觉地识别重音，但我们都可以不自觉地使用并识别重音）。一个词语的重音比另一个强，听起来也更凸显（通常更响亮，虽然实际上并不一定更响亮，而只是增加了音长或者改变了音高。音长的增加和音高的变化都会使讲英语者认为这个词听起来更加响亮了）。

因此，让我们再回到说话者二的回答上，并假设这句话是一次小迸发。第一个词"well"可以不用重读，音高相对较低，且／或基本没有音响。这是因为它不承载信息内容，只是用来连接两个说话者的话轮的。这并不是说"well"之类的词在其他方面也不重要；这类词语实际上在帮助连接和打包句子间的信息方面具有非常有意思的话语功能。由于"well"是说话者二言语迸发的第一个词，说话者二通过这个词语开始她的话轮，因此可以认为说话者给这个词语设定的音高接近于她说这句话的"基本音高"（也许，从说话者二的基本音高提高一点儿可以标记说话者二话轮的开端，从说话者一结束的地方提高一点儿也可以。）。

在说话者一提出问题的语境中，"I"完全是可以预测的。"I"是一个虚词，因此，信息凸显度较低，获得重音较少，只是得到能够把它说出来的响度，音高接近于说话者二（为本次迸发或接下来的相关迸发）所选择的基本音高。实词"read"是可以预测的，因为在说话者一的问题中已经出现过这个词。说话者二的回答中"book"一词也是一样。这两个词的重音都比较低，但都高于虚词"well"，"I"和"a"，因为作为实词它们的确是承载信息内容的。但它们的重音又比"shocking"一词低得多，因为"shocking"承载新的非冗余信息。当然，不定冠词"a"的信息凸显度也很低，获得的重音也很少。说话者通过她已经设定或者正在设定的"基本音高"，以及 / 或者通过增加相对于"I"和"a"等词的响度来向上或向下调整她的音高来标记"read"和"book"等重读词。

另一方面，"shocking"一词是句子中最不可预测、凸显度最高的新信息。说话者需要给予这个词最强的重音来标记它的凸显度。这种在句子中（或特定迸发中）承载最大重音的词语或短语不仅通过向上或向下调整音高和 / 或增加音响来标记，而且也通过真正的音高移动（即"音高滑动"）来标记。

说话者开始对"shocking"一词向上或向下（或者先向上再向下，或者先向下再向上）滑动她的音高，然后继续向上或向下（无论她选择哪种）滑动到后面出现的词语上，即"book"和"recently"。当然，说话者选择哪种音高滑动，即向上、向下、先向上再向下、先向下再向上等都是有意义的（例如，说话者的音高在某种问句中向上滑动，在某种陈述句中向下滑动）。但我们现在不考虑这些意义的差别。

从"shocking"一词开始的滑音把"shocking"标记为"语调单元"的中心。"语调单元"是滑音之前或之后继续（向上或向下）滑到的所有词语。滑音结束后，下一个语调单元开始。说话者通常在语调单元之间犹豫片刻（通常我们注意不到这片刻的犹豫），然后从前一个语调单元的基本音高向上或向下一点儿跳到下一个语调单元的第一个单词上（不管这个单词是不是实词），为受话者"调音"，表明新的语调单元已经开始。

在说话者二的回答中，实词"recently"显然是多余的（不太凸显）。这是因为虽然在说话者一的问题中没有提到这个词，但显然这个词隐含于说话者一使用的"lately"一词之中。因此，"recently"一词获得的重音和实词"read"和"book"差不多，也可能多那么一点点儿。"recently"是从"shocking"开始的滑音的一部分（和结尾），当音高向上或向下滑过"recently"时，说话者可以在"recently"一词上增加一点点儿音响，并且 / 或者在其主音节（即"cent"）上向上或向下滑动音高。

下面是说话者二的话语的视觉呈现：

```
                shock
                          ing
        read                   book    cent
Well                             re
        I     a                            ly
```

当然，这句话也可以通过其他方法说出来。改变说出方法可以导致意义的细微差别。

现在我们有必要谈论一下英语语调的最后一个重要特征。在英语中，如果语调焦点（滑音）被置于最后一个实词或短语上（如，"the pretty red flower"中的"flower"一词），那么凸显的新信息是这个实词本身或者整个短语（因此，要么是"flower"，要么是整个短语"the pretty red flower"）。当然，究竟是哪一个还要取决于语境。如果语调焦点（滑音）不是落在短语的最后一个词上，而是落在其他词上，那么，承载语调焦点的词语毫无疑问被认为是凸显的新信息（比如，如果"the pretty red flower"中的语调焦点在"red"上，那么凸显的新信息只能被认为是"red"）。在上面的例子中，"shocking"不是短语的最后一个词（它是名词短语"a shocking book"中的一个形容词），因此，毫无疑问是新凸显信息。

如果语调焦点（滑音）落在句子的最后一个（实）词上，就会产生一种有趣的现象。这时我们不知道说话者想表达的凸显新信息仅仅是这一个词语还是包括这个词前面与它同属于一个短语的其他词语。因此，在"This summer, Mary finished fifteen books"一句话中，如果说话者从"books"开始她的滑音，那么她想标记的新凸显信息可能只是"books"（回答"Mary finished fifteen whats?"这一问题），或者是"fifteen books"（"What has Mary finished?"），因为"books"是名词短语"fifteen books"的一部分。新凸显信息甚至可能是"finished fifteen books"，因为这些词语一起构成一个包含"books"并以"books"结尾的动词短语（"What has Mary done?"）。事实上，由于"books"是句子的最后一个词，句中的所有词语都可以被认为是新凸显信息（"What happened?"）。当然，在实际语境中，什么是或不是新凸显信息会清楚得多。

最终，话语上下文以及说话者对受话者知识的假设往往决定着一句话中每个词语和短语的信息凸显度。然而，说话者也可以选择漠视或重视词语或短语的信息凸显度或重要性，忽略语境或他们认为受话者已知的信息。这是说话者积极创造或操纵语境的方法之一，而不只是对语境做出回应。当然，如果说话者在这方面走得太远，他们的话就会"脱离语境"，听起来就很奇怪。

在特定语境中，虚词的信息也会变得很重要。这时，虚词的强调程度也很高。例如：

A.Did Mary shoot her husband?

B.No, she shot YOUR husband!

在这个语境中，"YOUR"承载的信息是不可预测的、新的、凸显的，因此也是重读的（事实上，"YOUR"是特别强调，因为它既表示对比——你的而不是她的——又表示惊讶）。事实上，由于给定了语境（A），它在（B）中就成了语调单元的焦点。说话者想对比或强调某物的时候，他们可以使用（通过更加凸显的音高变化和 / 或音响来标记）特别重读——有时被称为"强调重读"。

话语的语调轮廓是意义的重要组成部分。语调轮廓为受话者提供了解释说话者话语的线索，和说话者的态度与情绪的线索。我们这本书并不能涵盖语言学中关于语调的所有信息。但是，我们可以提出一个语调—工具。

工具 5 语调—工具

对于任何交际，询问说话者的语调轮廓如何帮助理解话语意义。说话者用了什么思想单元？说话者（根据语调焦点位置）凸显了什么信息？说话者通过不凸显什么信息而使它成为旧信息或已知信息？语调轮廓传达了什么样的态度和 / 或情感（情绪）意义？在分析书面文本时，要大声朗读，并询问读者需要在句子中添加什么语调轮廓来充分理解其意义。

在本书中，我们不会转写话语语调轮廓的大多数属性。但我们确实经常会记录一个思想单元（音调单元）是否终止于滑音的最后一个单词上（有时候也不是最后一个单词，但我们要记着思想单元终止于构成思想单元焦点的滑音上）。当一个思想单元终止于降调（或者以降为主的升降调）滑音时，这个思想单元听起来就是"结束音"。信息被关闭，接下来的是另一个信息片段。以表示提问（"Did she leave?"）的升调结束的思想单元也是如此，通常表明一个问题（"她离开了？"）。最终轮廓，即终止于最后滑音的轮廓，类似于言语中的句号或问号（或感叹号）。

当思想单元终止在升调、降调、升降调或降升调，但升或降的幅度都很小时，就不是结束音，听起来好像下一个思想单元仍然属于正在传递的信息。非最终轮廓，即终止于非结束滑音轮廓，类似于书面语中的逗号。

───── **练习任务 5** ─────

　　我把本节开始时讨论过的那个七岁儿童的语料重新转写如下。如果这段话是你说的，你会把（用"//"标记的）最终轮廓和（用"/"标记的）非最终轮廓放在哪个位置？为什么？

1.there was a hook

2.on the top of the stairway

3.an'my father was pickin me up

4.an'I got stuck on the hook

5.up there

6.an'I hadn't had breakfast

7.he wouldn't take me down

8.until I finished all my breakfast

9.cause I didn't like oatmeal either

除了最后一个思想单元（"cause I didn't like oatmeal either"），女孩在每个思想单元上都安排了非最终轮廓。这个女孩儿和班上其他（但不是所有）非洲裔美国儿童一样，在讲故事时把最终轮廓安排在"情节"的末尾。而粗略来说，班上其他孩子大概是按照书写句子的方式安排最终轮廓的，所以他们可能会在第2,5,6和9行结束时放置最终轮廓（第3行也有可能）。

我们再次回到第1.5节关于共享时间的语料。你认为这样放置最终语调轮廓与老师的插话为什么干扰了一些非洲裔美国儿童有关系吗？

老师认为一些非洲裔美国儿童在"漫无边际地闲扯"。我们知道说话者对使用的语调轮廓都是无意识的，那么最终语调轮廓的不同使用方法能够说明为什么老师会做出这个判断吗？来自不同文化的受话者只期望听到特定的最终轮廓位置，如果听到的不是这样，他们就会受到干扰，但他们往往不知道为什么会受到干扰。他们必须寻找一些理由，不管这些理由能不能站得住脚。这种事情经常发生在某人的语言打扰到我们的时候，但我们不知道它的语言学基础是什么，或者有没有语言学基础。

书面语言不包含语调，即重音、音高或音调、音响和音步等。我们阅读时，可以通过在心里默默地"说话"来添加这些语音元素（中世纪的人们在阅读时嘴就在咕哝）。这样，我们猜测并向文本添加关于凸显、强调、态度和情感等信息。从这个意义来看，我们是在"重写"文本。

──────── 练习任务 6 ────────

阅读下面的两段书面话语。第一段出自保罗·加尼翁（Paul Gagnon）的书《民主的不可思议的故事：世界历史教科书忽视了什么》（Democracy's Untold Story：What World History Textbooks Neglect, Washington, D.C.：American Federation of Teachers, 1987, p. 65），第二段出自乔治·桑德斯（George Saunders）的《脑残扩音器：散文》（The Braindead Megaphone：Essays, New York：Riverhead Books, p. 251）。大声读出这两段话，并注意你是如何强调词语的，你认为哪些词最重要，哪些词最不重要，你在阅读时添加了什么态度或情感（如果有的话）。你能用不同的方式说出这两段话吗？你能以一种听起来是错误的方法说它们，让它们是"错误"的吗？为什么用这种方法来说就是"错误"的？比较你和别人的说法有什么不同。

1. Also secure, by 1689, was the principle of representative government, as tested against the two criteria for valid constitutions proposed in the previous chapter. As to the first criterion, there was a genuine balance of power in English society, expressing itself in the Whig and Tory parties. As narrowly confined to the privileged classes as these were, they nonetheless represented different factions and tendencies. Elections meant real choice among separate, contending parties and personalities.

2. Now it can be told.

Last Thursday, my organization, People Reluctant To Kill For An Abstraction (PRKA), orchestrated an overwhelming show of force around the globe.

At precisely nine in the morning, working with focus and stealth, our entire membership succeeded in simultaneously beheading no one. At nine thirty, we embarked on phase II, during which our entire membership simultaneously did not force a single man to simulate sex with another man. At ten, Phase Ⅲ began, during which not a single one of us blew himself/herself up in a crowded public place. In addition, at eleven, in Phase IV, zero (0) planes were flown into buildings.

阅读书目

Bolinger, D. (1989). *Intonation and its uses: Melody in grammar and discourse.* Stanford, CA: Stanford University Press. [经典著作。]

Crystal, D. (1969). *Prosodic systems and intonation in English.* Cambridge: Cambridge University Press.

Halliday, M. A. K. and Greaves, W. (2008). *Intonation in the grammar of English.* London: Equinox Publishing.

Ladd, R. D. (1996). *Intonational phonology.* Cambridge: Cambridge University Press.

1.6　框架问题

证　伪

　　第 1.4 节和第 1.5 节中的问题没有固定的标准答案。话语分析是一个实证活动。对问题的任何初始答案实际上都只是一个假设。假设是基于一些证据的猜测。在我们形成假设之后，我们继续寻求更多的证据。有时候，我们会感觉到我们的证据足以证明我们的假设是正确的。然而，即便如此，我们自己或其他研究者发现的其他证据也可能最终证明我们是错误的，或者提示我们必须补充或者改变我们的结论。

　　实证调查，即任何基于证据的调查，都是关于证伪的。我们试图提出一个观点，然后看看我们自己或他人是否可以推翻它。如果可以，我们就学到了一些东西，该领域整体就向前迈进了一步。在这个意义上，实证调查是一种社会行为。我们期待同行帮助我们来证伪我们的观点。

　　证伪可以扩大我们的视野，所以没有必要害怕假设。如果一个人想要最安全而提出最狭义的假设，那么这个假设就很难被证伪。即使被证明是正确的，我们也没有学到什么东西。如果我们能够大胆地提出一个广义的假设，这个假设就很容易被证伪，我们也因此可以学到更多的东西。

　　为了说明这一点，我们可以看这样一个例子：假设你在美国看到很多白天鹅但没有看到黑天鹅。你可以给出狭义的假设："美国所有天鹅都是白色的"（或者更糟糕的假设，"我看到的所有天鹅都是白色的"）；你也可以给出更广义的假设："所有的天鹅都是白色的"。

　　后一种假设将会被证明是错误的。当有人告诉我们澳大利亚有黑天鹅时，这个假设就已经被证伪了。现在我们可以缩小一下我们的假设，例如"澳大利亚以外的所有天鹅都是白色的"，那么我们看看这个假设是否可以被证伪。提出这个大胆的假设以后，我们就和其他人一起广泛搜集证据（比如到美国以外的地方寻找黑天鹅）来迫使自己学习更多关于天鹅的知识。

并不是所有的人都接受这种科学的观点。有些人认为你应该只做最安全最狭义的假设。但你可以去看看比较成熟的科学和最优秀的科学家，我相信他们不会这么做。在科学中犯错误不是一件坏事，而是一件好事，只要你提出的观点清楚有趣，值得检验，并能够引领进一步的调查和进一步的证据收集。

框架问题

话语分析在收集证据和证伪观点方面有一个特殊而有趣的问题。正如我们已经看到的，语言中的某些意义——以及对第 1.4 节和第 1.5 节中问题的回答——一部分是语境问题。相同的词在不同的语境中可以有不同的意义。例如，前面提到的"coffee"一词。在听到"The coffee spilled, clean it up"时，我给你拿一把拖布和拿一把扫帚，"咖啡"的意思是不一样的。"You are one of a kind"在一种语境下可能表示讽刺性侮辱（意思是你是一个白痴），而在另一种语境下可能是一种赞美（意思是你是一个好朋友）。

我们在做话语分析时为观点寻找证据的一种方式是，在特定的语境中表明这个证据必须或可能意味着我们所说的话确实如此。例如，如果溢出的咖啡是液体并涉及拖把，那么"The coffee spilled, clean it up"中的"coffee"几乎肯定是液体咖啡，而不是咖啡豆或咖啡粒（"The coffee spilled, go get a broom"）或咖啡罐（"The coffee spilled, restack it"）。

然而，语境在某种意义上是无限的。我们总是可以在语境中了解更多的东西（物理的、社会的、文化的和制度的环境，会话参与者以前的话语和互动，他们的共有知识，包括共有文化知识等）。我们应该考虑多少语境呢？是不是如果我们考虑更多的语境，我们就会发现我们认为正确的都会变成错误的呢？

举个例子：我们确信乔和杰克是朋友——因为我们看到了他们相互微笑——所以当乔说"Jack, you are one of a kind"，我们相信他是在赞美杰克。但是，随着我们研究的深入，我们发现他们由于生意原因一直假装是朋友。几年前，他们曾大吵一架，成了仇人。也许，现在我们会认为乔说"Jack, you are one of a kind"实际上是对杰克的侮辱。杰克知道是这个意思，但他们都假装是另一个意思。更多的了解表明语境并不是我们从他们脸上的微笑中看到的那样。

我们总是可以学习更多的语境知识——或者至少在许多情况下是这样——让我们怀疑我们对话语意思所做的判断。即使我们知道很多语境信息，我们仍然可以找到更多东西让我们怀疑我们对意义所做的判断。

这个问题被称为"框架问题"。框架问题，更正式地说，是语境中可以影响话语意义的任何方面。然而，语境是无限大的，从身体部位（如，身体动作和眼神），到人们的信念和以前的互动，再到历史、制度和文化环境。无论我们在解释话语时考虑了多少语境，我们总会有考虑语境其他方面或更多方面的可能性，而这些新的方面可能改变我们对话语的解释。

我们在哪里可以切断对语境的考虑？如果进一步考虑语境的某些方面可以改变我们的解释，那我们如何确定某种解释是"正确的"呢？

框架问题不仅仅是我们认为我们知道的语境可能是错误的（比如上文乔和杰克的例子）。我们知道的语境可能是真的，但我们知道的毕竟太有限。例如，我们从第 1.4 节的语料中很容易得出这样的结论：

卡伦只是在抱怨萨拉承诺要参加暑期研讨会但实际上没有参加。事实的确如此。但是，在我们了解了更多的语境之后——这一点我们很快就会做到——我们就会很容易得出这样的结论：卡伦抱怨的是更大的问题，萨拉的失信只是这个大问题的一个小例子。

应该清楚的是，框架问题不但是普通人的问题，也是我们话语分析者的问题。我们都面临同样的问题：我们怎么知道我们不会了解更多的语境知识，让我们怀疑我们认为的话语意义呢？我们怎么知道应该在哪里停下来去考虑更多的语境，以便继续交流或分析呢？

普通人对框架问题的解决是通过判断有多少语境以及语境的哪些方面与刚刚听到的话语内容"相关"。也就是说，人们是在使用交际相关性标准。与此同时，当事情脱离正常轨道时，即当交际变得含糊不清时，人们才考虑更多的语境，并改变他们对什么相关、什么不相关的判断。

我们也会这样做，只不过我们比普通人对语境更敏感（毕竟普通人不能脱离生活和行动）。我们永远会把语境向前推动到比日常生活更远一些，看看我们是否可以证伪我们对意义的假设。

应用框架问题

为了观察框架问题的应用，我把第 1.4 节中的语料转写如下：

LAST YEAR /

Mary Washington /

who is our curriculum coordinator here /

had a call from Sara //

at Woodson //

And called me /

and said (pause) /

"We have a person from Woodson /

Who's in the History Department /

she's interested in doing some RESEARCH /

into BLACK history //

And she would like to get involved with the school /

And here's her number /

Give her a call" //

And we— I DID call her /

And we um BOTH expected /

to be around /

for the summer institute //

at Woodson //

I did /

ah participate in it /

But Sara /

Wasn't able to do that //

（萨拉试图打断但没有成功）

在第 1.4 节，我提出了以下问题：你认为萨拉做了什么事情激怒或烦扰了卡伦？只要看看转写的内容和一点点我给你提供的语境，你就可以得出这样的结论：让卡伦烦恼的是萨拉未能在暑期研讨会露面。但是，正如转写所示，萨拉想在这一点上打断卡伦，但没有成功，因为卡伦没有理会她。我们从其他语料获悉，萨拉想解释说她没能参加暑期研讨会是有充分理由的，而且卡伦也知道这个理由。在这种情况下，我们可以想象卡伦没有被萨拉的失约烦扰，但尽管如此，她还是抱怨了许多。

从我之前曾经提供过的其他语料中我们掌握了更多的语境。转写如下：

Well at that point there were three of us (laughs) //

Back in the summer //

And all three of us had not yet /

Met together //

从这一点我们知道，卡伦已经为历史项目做了一些准备，包括让她的同事简参加该项目。在此，我们可以假设，卡伦受到烦扰的原因是该项目的正式会议开得太晚了，距离萨拉给学校打电话和卡伦做出初步努力已经很久了。因为项目是萨拉的——是她要求的——她应该负责项目的开展，然而，在很长一段时间里是卡伦在负责。

因此，萨拉没有召开会议，没有出席研讨会，对于卡伦来说就是签了协约却没有承担责任。所以现在我们可以假设，让卡伦烦恼的是萨拉缺乏责任心，从某种意义上来说，是萨拉把负担推给了卡伦。

但现在还有一些语境是本书的许多读者不熟悉的。在卡伦工作的学校——在许多其他学校也是一样——有一些"官方规则"和"官方命令链"，也有"非官方规则"和"非官方命令链"。根据官方规则，要想让学校的学生参与研究项目，必须征得像玛丽·华盛顿这样的课程协调员的许可。

根据非官方规则，教师"拥有"她班上的学生（正如语料中一位教师所说的——见下文），因此，要想让她和她的学生参与研究项目，在找课程协调员之前，必须先获得她的非正式许可。萨拉首先给玛丽·华盛顿打电话，并让玛丽·华盛顿"命令"卡伦给萨拉回电话，不知不觉地违反了非官方规则和非官方命令链。

我们从语料的其他部分获悉，这个问题让卡伦和她的朋友简非常担心（简是卡伦叫来参加项目的）。例如，在同一批人晚些时候的一次会议上，简说了下面的话：

Well I think/

One thing you need to recognize /

About the STRUCTURE of the Middleview schools/

Is that if Su, Lucy, Karen, and I /

Or any combination thereof /

Are involving our classrooms/

We are the people who need to be asked /

And to be plugged into it //

Joe does /

Um as curriculum coordinator for Field Street/

Does not have the right to commit Su Wilson //

Nor Linda Defoe //

Nor does Mary /

Have the right to commit /

Or structure the grant for us //

Uh it becomes a question /

Like Karen said /

This isn't her priority area / [因为卡伦是教英语的而不像简是教历史的]

That she wants to be in //

If it is mine/

Or someone else /

We are the direct people //

In a sense we OWN the kids //

If you want the children to be doing the work /

You've got to get the classroom teacher /

Not the curriculum coordinator or [下一个发言者打断了简]

简在这里谈论的语境是，萨拉写了一个项目拨款申请书，以期望明年继续该项目，而她再次先联系玛丽·华盛顿，而不是教师。乔是一个课程协调员（秀和露西是乔学校的老师），也参加了第一次会议。萨拉给玛丽打了电话，就是课程协调员玛丽·华盛顿。玛丽让卡伦给萨拉打电话。简在这里明确地说，如果有人想要进入教师的课堂，他必须要找教师本人（她的意思是说要先问教师，因为她知道最终须得到课程协调员的许可）。

简强调"structure"一词可能是指一个正式的官方结构或者非正式的和非官方的结构。在简发言之前，萨拉和玛丽谈了两次，未经过教师同意便直接进入她们的课堂。很明显，简所说的结构是一个非正式、非官方的结构，但对于简和她的朋友卡伦来说仍然是必须遵守的结构（在这次会议上卡伦强烈支持简）。

所以，随着语境信息的增加——通过把我们的语料架构在更大的背景语料中——我们可以假设另一个烦扰卡伦的事情是萨拉破坏了规则。她不知道学校的规则是一种文化，直到她想要求学校的参与和支持时还不知道。在更深的层次上，这对于卡伦来说就是萨拉缺乏责任感的一个典型例子。因此，她责备萨拉是一个不值得信任的人，不履行自己应有的责任。

卡伦并没有打算终止参与该项目。她不会离开。她仍然愿意继续留在这个项目，而且她也做到了。她有意与萨拉合作。她想成为这个项目的一部分，她非常想要该项目给她学生的资源，因为她的学校并不富有。卡伦是在使用语言来纠正她和萨拉之间的"等级关系"。

萨拉联系协调员玛丽·华盛顿，建立了一个"官方"的等级关系，只把卡伦当作一个呼之即来的追随者。卡伦清楚地表明，她不会听从萨拉的命令，而是和萨拉一样，是一个完全平等的参与者。她是

在把自己表现为一个行为者、领导者和组织者，而萨拉在这些方面
没有太在意。

　　卡伦试图维护她在"非官方"等级制度中的权力，即在涉及学
生和课堂时老师才是负责人。事实上，她和其他参与该项目的教师
最终会向所有人表明，他们是学生的"保护者"和"养育者"，而
不仅仅是他们的"老师"。这些角色是课程协调员或大学教授所无
法替代的。

　　那么，为什么卡伦不直接说萨拉打破了规则，首先去找玛丽·华
盛顿呢？因为这些是"非官方规则"，而且有一个课程协调员在场。
参加会议的人并不都互相认识，开了几次会以后才可能互相认识。此
外，向不了解这种非官方"规则"的人解释需要大量的时间。所以卡
伦使用了萨拉缺乏理解和责任心的其他例子，因为她的主要目标并不
是解释学校这些非官方"规则"应该如何运作（但还没有运作），而
是纠正等级结构。

　　我们说过，等级结构和地位在这里非常关键，所以我们可以添加
另一个语境片段来支持这一观点。和美国许多其他城镇一样，米德维
尔市和当地大学之间存在一种紧张关系（城市—校园问题）。这所大
学已经在米德维尔市一百多年了，但它是一所私立精英大学。这座城
市是一个以工人阶级为主的后工业化城市。

　　此外，中小学教师和大学之间也存在一种紧张关系。该大学也培
训了一些教师（虽然大多数教师毕业于天主教学院或当地的公立大
学）。中小学教师认为大学教授，包括教育学者（如，研究所人员）
的教学和学校的职责背道而驰。教授们则认为中小学教师"缺乏理
论"、对抗研究。让这种分裂局面更加糟糕的是，该市的绝大多数教
师出生在这里，并打算长期留在这里，而绝大多数大学教授不是出生

在这里，许多人并不打算把他们的整个职业生涯都奉献在这里。

这些方面的语境肯定会使这些中小学教师和大学教授合作中的等级地位和领导权等问题凸显出来。要想促进教师和教授的合作，必须解决这些问题。事实上，这是话语分析的作用之一。我们可以研究事情出了什么问题，并帮助人们理解和处理足够的语境，以便在交流中把事情做正确，至少做得比较正确。

但要记住，即使我们现在已经解释了较多的语境，我们的观点仍然是，并将永远是开放的，可以证伪的。在这一点上，它们可能已经不再是纯粹的假设（猜测），因为我们已经获得了相当多的证据。尽管如此，我们自己或其他人必须继续通过更多地了解语境来证伪它们。随着语境知识的不断增加，然后到了一个我们不再改变或巩固我们观点的地步，我们对我们的观点就充满了信心，我们的观点也就更具说服力。这时，我们就可以相信我们的观点。当然，即便如此，某人某天也仍有可能会选择以后重新研究我们的语料或类似语料，质疑我们的观点，修改我们的观点。这是值得庆幸的事情。这是一项实证性的社会活动。

现在，我们再来回答第 1.4 节的问题。比较你以前的答案和你现在的答案。请思考一下我的哪些观点你不接受，为什么？哪些地方你需要更多的证据？你怎么获得这些证据？关于语料你还有什么其他问题？如果你同意我的一些观点，你怎么用自己的话语陈述我的观点？

正如卡伦的语料所示，我们有时候很难知道我们提出或发现的信息、假设和推理有多少真正与我们正在参与的交际或正在分析的语料相关。我们应该走多远？这就是框架问题。框架问题（无论是对于普通人还是对于我们话语分析者来说）有时会增加填充任务的难度。

阅
读
书
目

Clark, A. (1997). *Being there：Putting brain, body, and world together again.* Cambridge, MA：MIT Press.

Ford, K. M. and Pylyshyn, Z. W., Eds. (1996). *The Robot's dilemma revisited：The frame problem in artificial intelligence*, Norwood, NJ; Ablex.

Poppers K. (2002). *The logic of scientific discovery.* London：Routledge（原出版时间，1935).［科学实证证伪观的经典来源。］

1.7 框架问题—工具

框架问题告诉我们，话语分析之后，我们应该看看我们是否可以再次查看语境，并扩大语境相关性。如果查看更多的语境以后没有改变我们对话语意义的判断，那么我们就可以认为，至少在目前情况下，我们的分析是在正确的轨道上（虽然以后可能随时会被证伪）。如果考虑更多的语境或对语境中相关信息重新思考以后我们改变了想法，那么，我们就必须把我们的分析向前推进一步。

框架问题是一种让我们保持诚实的方式。我们不能总是从语料中发现更多的语境，但我们可以努力。所以，我们提出框架问题—工具。

工具 6

工具
框架
问题
—

完成了话语分析之后——考虑了你认为与语料意义有关的所有语境方面之后——看看你是否可以找到更多的语境信息，看看是否可以因此而改变你的分析。如果不能，你的分析目前是安全的。如果可以，你要做更多的工作。不断向前推进你的知识或语境，看看语境的某些你当初认为不相关的方面现在是否相关或者你是否可以发现一些全新的方面。

1.8　使用框架问题—工具

阅读以下从罗杰·列万廷（Roger Lewontin）的著作《意识形态生物学》（*Biology as Ideology*）中摘录的一段话。列万廷（1929—）是哈佛大学著名的生物学家。他在书中指出，从医学的角度来看，结核病的病因是结核杆菌。但他随后又说，结核病在19世纪的血汗工厂里是一种非常常见的疾病，而在农村和上层阶级人群中则不常见。因此，列万廷质疑，为什么我们不能断定结核病的病因是无序的工业资本主义？

事实上，鉴于现代欧洲的健康和疾病史，列万廷的解释是有道理的。1830年代，首次在英国并稍后在北美被系统记录的死亡原因检验表明，大多数人确实死于传染病。然而，19世纪中后期，传染病死亡率开始持续下降。列万廷指出：

> 治疗天花是医学的进步，但这一进步基本上不可能归功于现代医学，因为天花疫苗在18世纪就已经被发现，并于19世纪早期开始广泛使用。主要致死疾病如支气管炎、肺炎和结核病的死亡率在19世纪稳步下降，没有明显的原因。1876年由罗伯特·柯赫（Robert Koch）宣布的疾病细菌理论对之后的死亡率没有明显的影响。这些传染病的死亡率只是继续下降，就好像科赫从未出现过。本世纪早期化疗被引入结核病治疗的时候，90%以上的死亡率下降已经发生了（Lewontin，1991：pp.43-44）。

不是现代化的卫生设施或城市拥挤程度的减少导致了死亡率的逐步降低，因为19世纪的主要杀手疾病来自呼吸系统，而不是水传染。部分城市今天的拥挤程度和1850年代一样。更有可能的是，传染病致死率的减少是由于"发达国家"实际工资增加导致的营养普遍改善。"像巴西这样的国家，婴儿死亡率的高低与最低工资的高低呈反比"（Lewontin，1991：p.44）。

列万廷是在拓宽语境框架。我们在这个语境框架中看到一个完全"自然"和"明显"的生物学观点。他把从医学或生物学的视角看待一种观点（结核病的病因是结核杆菌）的方式和从其他领域如公共卫生或资本主义的社会政治体系视角看待同一种观点的方式结合了起来。

列万廷给出的另一个例子是生物学家谈论基因"自我复制"。然而，基因不会自我制造（就像蓝图不会制造房子）。基因是由一个复杂的蛋白质制造机器使用基因模型制造的。不是基因在自我复制，而是整个复杂的生物体系统在制造基因。将基因分离为"主分子"，忽略实际制造其他蛋白质和基因本身的蛋白质"制造机器"是"另一种无意识的意识形态：大脑强于身体，脑力优于体力，信息高于行动"（Lewontin，1991：p.48）。

列万廷在以某种方式使用我们的框架问题—工具。他知道当生物学家说"结核病的病因是结核杆菌"时，如果他们真的是有意识地思考和反思这件事情，他们在这里说的是狭义的"物理／医学病因"。因此，他们认为话语的社会和政治语境（即，列万廷指出的谁死于结核病谁没有死于结核病的社会和政治原因是真实的）与他们的意义无关。因此，受话者也不需要填充这部分语境信息。

列万廷拓宽了我们看待这句话的语境框架——增加了他认为有关的语境内容——改变了我们最初对这句话的思考。我们现在或许会认为这一说法不是故事的全部，不是完全真实的，而是忽略或抹去了重要的问题。拓宽语境框架是从事政治话语分析的一种方法，是从事我们可以称之为"抵抗性"听或读的一种方式（即，抵抗性说话者或写作者想要受话者或读者对相关语境信息进行的限制）。

───── **练习任务 7** ─────

请使用框架问题—工具思考下面的问题：

1. 对列万廷的分析你"买账"吗？你认为这样的分析"公平"吗？

2. 你认为列万廷这样分析的目的是什么（或有哪些目的）？你认为他扩大语境框架的方式是实现这些目的的好方法吗？

3. 列万廷显然是有强烈的政治倾向的（他有时认为自己是马克思主义者）。你认为这会使他的分析失效吗？会变得"不科学"吗？会变得"非实证"吗？

4. 疟疾是一种传染病，是世界上最严重的公共卫生问题之一，也是许多发展中国家死亡和疾病的主要动因，其中婴幼儿和孕妇是受影响最大的群体。在世界范围内，三分之一的死亡来自传染病或传播性疾病。然而，几乎所有这些死亡都发生在非工业化世界。健康不平等不仅影响人们的生活方式，而且经常决定他们死亡的方式和死亡年龄。如果这个信息是真的，你会发现下面的对话奇怪吗？如果奇怪，为什么？如果不奇怪，为什么？

问：为什么非洲许多儿童在五岁前死亡？

答：因为他们患上了疟疾之类的传染病。

阅
读
书
目

Lewontin, R. C. (1991). *Biology as ideology：The doctrine of DNA*. New York：Harper.

2.1 做而不只是说—工具

人们用语言做事情，而不只是说事情

人类语言的目的是什么？许多人，特别是现代社会的人，认为语言的主要目的是传递信息。然而，除了传递信息之外，我们还用语言做了很多其他事情。

事实上，语言可能不是传递信息的理想形式。许多需要发现和传递新信息的学科已经找到了通过数学和其他类型的符号系统（如，物理学符号）开发更准确、更清晰的信息传递形式的方法。

即使使用语言，这些学科也往往使用比日常语言更晦涩、更复杂的语言形式。例如，生物学家可能会说"Hornworm growth displays a significant amount of variation"，而我们在日常生活中可能会说"Hornworms sure vary a lot in how well they grow"。

在我们的日常生活中，即使我们是在向某人传递信息，我们也在努力地做其他事情。事实上，我们会看到科学语言也有这样对信息的强调。我们不仅使用语言做许多不同的事情，而且任何一句话往往也同时意味着执行一个以上的行动。

因为语言有不同的功能，而不仅是传递信息（这只是它的一种功能），所以在交际中询问总是有必要的：说话者想做什么而不只是想说什么？我们人类使用语言来执行各种各样的行动，"告知"只是我们通过语言完成的一种行动。

思考下面的句子：

1. [两个邻居见面时说] It's a cold one today.

2. 老师：What is 5 + 2? 学生：7.

3. I pronounce you man and wife. [牧师说]

4. I promise to be there by five.

5. Can you lift a hundred pounds?

6. Can you pass me the salt?

7. Pass me the salt?

说这些话的目的（功能）是什么？说"It's a cold one today"的那位邻居肯定知道听他说话的那个邻居已经知道天很冷了。那他为什么还要说？他想干什么？

通常当我们提问题时，我们不知道答案。句（2）中的老师肯定知道她问题的答案，但在学校这个地方（一个语境），我们接受和期待问话者提出问题并不是真的想知道答案。为什么？老师提问的目的不是要找出问题的答案。那他的目的是什么？

只有牧师或相关官员说"I pronounce you man and wife"时，这句话执行的行动才能是使两个人结婚。如果我对两个朋友说"I pronounce you man and wife"，那是不行的。在这里，语言需要制度的安排（牧师和结婚仪式）才会有效。但是，如果我说"I promise to be there at five"，我是在执行许诺行动，不需要制度安排。那么，为什么我做出承诺不需要制度支持，而没有制度支持我不能宣布两人结为夫妻呢？

当我问你是否可以提起一百磅时，我是问你是否有能力做到这一点。这时我执行的行动是提出一个问题。但是，吃饭时我问你是否可以把盐递给我，我不是在问你是否有能力，而是要求你把盐递给我。这时我执行的行动是一个请求。在第一种情况下，你可以说"yes"，但在第二种情况下你不能只是说"yes"却不付诸行动。其实你必须把盐递给我。那么"can"是如何在这两句话中表达不同的意思的呢？我们怎么知道它表示不同的意思呢？我们能不能设计一种情景，让"Can you lift a hundred pounds?"（或者"Can you lift a hundred pounds for me?"）这样的句子表示"你会不会为我提一百磅？"或者让"Can you pass me the salt?"表示"你有能力把盐递给我吗？"

"Pass me the salt"不是一个请求，而是一个命令。为什么这么说不如说"Can you pass me the salt"有礼貌？即便我说"Pass me the salt, please?"也比"Can you pass me the salt?"听起来粗鲁生硬得多，至少我是这么认为的。为什么？而"Please, pass me the salt"又不如"Pass me the salt, please"听起来那么粗鲁生硬。为什么？

英语中有一些动词，如（"I pronounce you man and wife"中的）"pronounce"，"promise"，"ask"，"tell"，"request"和"forgive"等直接命名行动，称为"直接言语行为"。英语中也有间接执行言语行为的方式。如果我说"I promise you I will come at five"，"promise"一词直接命名保证的行动。但我也可以做不太直接的承诺，比如我说"I will be there at five"，或者甚至说"I WILL be there at five"。当然，"I will be there at five"也有其他的用途。它可能是对事实的简单陈述（告知行为）或预测（如，"I will win the match next Friday"）。

"Will you pass me the salt?"是一个直接问题，是用英语表示我们正在提问题的一种结构。"Can you pass me the salt?"听起来像一个（关于你的能力的）问题——这个结构可以作为直接问题（如，"Can you lift a hundred pounds"）——但正如我们看到的，它可以是一种间接的、礼貌的请求方式。直接请求方式可以是"I request you to pass me the salt"。我们实际上很少这么说话（听起来太正式，但有时我们会说"I request your presence at the inquest"）。

我们在这里关注的是广义的行动，而不仅仅是直接言语行为（如，"I promise to come"）和间接言语行为（如，在做出承诺而不只是告知信息时说"I will come"）。这些都是话语行动（"言语行为"），即与话语和语言密切相关的行为。但是在这里，我们也关心特定的语言使用所执行的行动。这些行动本身不需要通过语言来执行，比如侮辱行为（可以不用语言，只要一个动作就可以实现）和尊重行为（也可以没有语言，只要向你敬个礼就可以实现）等。这些行动不像承诺和请求等行动那样只能通过语言来执行。

我们说的任何事情都会执行某种行动。即使你问我时间时，我说"五点了"，我也是在执行回答和告知两种行动，参与了回答你和告知你的行动。如果你和我是律师同事，我们打了一场网球以后，你对我说，"你的网球打得一般"，而我说"但我律师比你当得好"。这时，根据我们阅读上下文的方法（参见填充—工具和框架问题—工具），我的话可能执行了不同的行动（或者同时执行几种行动），如告知你我认为我是一个比你优秀的律师、吹牛、报复你对我打网球的侮辱、纠正我在运动中不如你的感觉、激怒你、跟你开玩笑、进一步发展我们的竞争关系、威胁你的面子（即你作为一个好律师的身份），等等。在这里，我们关注的是广义的行动。这些行动在本质上是非语言的。虽然通常更容易用语言来表达，但是它们也可以以其他方式来执行。这一点与承诺和请求等行动不同。

语言和行动之间的关系是非常复杂的，我们将在本书后面更多地谈到这一点。现在，重要的是，在任何交际中，你不只要学会问"说话者想说什么"，你还要学会问"说话者想做什么"。

本节我们开发了一个新工具，我们在本书后面还会进一步发展此工具。我们的新工具是"做而不只是说—工具"。

对于任何交际，不要只询问说话者在说什么，而且要询问他或她想要做什么。请记住，他或她可能在试图做一件以上的事情。

工具 7

做而不只是说—工具

阅读书目

Austin, J. L. (1975). *How to do things with words*. Second Edition. Cambridge, MA: Harvard University Press.

Searle, J. (1979). *Expression and meaning; Studies in the theory of speech acts.* Cambridge: Cambridge University Press.

2.2 使用做而不只是说—工具

下面我转写一些语料，来使用做而不只是说—工具。当然，这些语料也很适合使用陌生化—工具。这些语料是一个母亲和她三岁女儿在家中对话的开头部分。在有些家庭，父母不会这样跟三岁孩子说话，在另一些家庭，这样说话则很正常。在你思考有多少语境知识与这位母亲的行为相关时，你也可以使用框架问题—工具，把相关语境推进到家庭范围之外。

这位母亲和孩子面前有一个塑料恐龙、一个塑料恐龙蛋和一张卡片，上面写着恐龙的名字和有关恐龙、恐龙蛋的信息。阅读这些语料，思考这位母亲想用语言做什么事情，她是在哪里告诉孩子这些信息的，

为什么要告诉孩子这些信息。给孩子讲这些信息是她唯一要做的事情
或者是她唯一的目的吗？

───────────── 练习任务 8 ─────────────

这些语料来自克劳利和雅可布的论文《专家群体和家庭科
学素养发展》（"Islands of expertise and the development of family
scientific literacy"）。我原样把这段对话复制了过来。粗体"egg"
表示强调，省略号"……"表示停顿，"C"是孩子，"M"是母亲：

C：This looks like this is an **egg**.

M：Ok well this...

That's exactly what it is!

How did you know?

C：Because it looks like it,

M：That's what it says,

see look **egg egg**...

...Replica of a dinosaur **egg**.

From the oviraptor.

思考以下问题，尝试使用做而不只是说—工具分析以上语料。

1. 当孩子说"This looks like this is an egg"时，母亲激动地说：
"That's exactly what it is!"惊叹号意味着她的语调轮廓是兴奋或
惊喜（而且她还用了"exactly"一词）。母亲为什么这么激动、
这么兴奋？她是真的兴奋和惊喜吗？她的兴奋或惊喜是不是"假
装的"？如果你认为是假装的，为什么是？这个母亲想做什么？

2. 在孩子说"This looks like this is an egg"以后，为什么母亲
问孩子"How did you know?"孩子说"This looks like"实际上是他
的猜测，而不是他真知道。为什么母亲认为他是真知道而不只是
猜的？

3. 孩子用"Because it looks like it"来回答母亲的问题。为什
么母亲接着说"That's what it says [图片上这么说]"？孩子根据
经验和观察来回答母亲"How did you know"这个问题。母亲却指

着图片当答案。为什么？

4. 母亲说 "That's what it says [图片上这么说]" 以后，她说 "see look egg egg... Replica of a dinosaur egg. From the oviraptor"。妈妈是在让孩子看卡片。孩子三岁，不会读书，那么为什么她要让他看卡片？为什么她强调（印在卡片上的）"egg" 这个词？

5. 母亲读出卡片上的话 "Replica of a dinosaur egg. From the oviraptor"。这完全不是三岁儿童的语言（如，"replica"，"oviraptor"）。为什么她要读给孩子听？母亲不仅向她的孩子读这种语言，她也是这么说话的。接下来她说：

Do you have a ... You have an oviraptor on your game! You know the egg game on your computer? That is what it is, an oviraptor. And that's from the Cretaceous period. And that was a really, really long time ago.

为什么她这样给孩子说话（"oviraptor"，"Cretaceous period"）？她为什么要说起孩子的游戏？

6. 你认为这个三岁孩子对恐龙了解很多吗？你认为他是恐龙"小专家"吗？三岁孩子能够按成人标准了解很多像恐龙这样的知识吗？孩子对恐龙的了解与母亲通过跟孩子说话互动的方式想做的事情有关吗？

7. 人们在交际时，是在尝试用每一句话和整段话做事情。每一句话都有一个局部的小目标或小目的，整段相连接的话有一个更大的目标或目的。在以上对话中，母亲想通过整段话做什么事情或者实现什么目标？学校（虽然孩子还没有上学）与她想做的事情有关吗？

在这一点上，读者有必要重新思考一下本书前面给出的关于做而不只是说—工具的语料。

阅读书目
Crowley, K. and Jacobs. M. (2002). Islands of expertise and the development of family scientific literacy. In Leinhardt, G., Crowley, K., and Knutson, K., Eds., *Learning conversations in museums*. Mahwah, NJ: Lawrence Erlbaum, pp. 333-56.

2.3　用语法构建结构和意义

语言的容器 / 管道观

　　我们在上一节说过，语言是关于做而不只是说的。传统的语言观只注重说而不注重做，把意义看作说话者头脑中的"概念"或"想法"，说话者将这些概念编码成词和短语，就像是容器一样，然后把它们传递给受话者。受话者解码接收到语言，并从容器中取出概念。然后，受话者将这些概念存储在自己的头脑中。这是语言的一种"传送带"和"容器"观。根据这一观点，说话就像把事物（概念）放入（由语言制成的）容器中，并将它们传送给受话者，然后受话者从容器中取出来并存储在自己的头脑中。

　　我们已经知道这种观点是严重错误的。一方面，它没有提到语境的作用，受话者需要使用语境"填充"说话者保留而没说出来的信息。另一方面，它忽略了除了彼此传递信息和思想之外我们用语言所做的所有事情。我们已经看到，人们在通过说话积极地做事情，而不仅是传递信息。

　　当然，语言的"传送带"和"容器"观是一种隐喻，把说话和写作看作把东西放入容器传递给其他人。隐喻对于理解复杂的事物很重要。它们可以阐明事物，让我们以新的、有用的方式看待事物。隐喻也可以蒙蔽我们的双眼，使我们看不到画面之外（如，语境和做而不只是说）的事物。传送带和容器隐喻是一个拙劣的隐喻，但也是一种常见的思考语言和交流的方式。

语法是构建结构和意义的工具

　　比"传送带"和"容器"观好一些的观点是我所说的"构建和设计"观。我已经说过，我们说话时，也总是在做事情，而不只是说话或交流信息。为了使用语言做事情（包括交流信息），我们使用语法来构建和设计结构和意义。

假设你在制造一辆汽车。你必须构建（把零件放在一起）和设计（选择要放在一起的零件）。你有很多选择。要想制造一辆汽车，你必须首先选择制造哪种汽车（如，轿车、SUV、敞篷车、客货车等），然后选择使用哪种类型的部件和哪些具体的部件。例如，虽然制造任何汽车都需要发动机，但你必须选择发动机类型（如，汽油机、柴油机、旋转式、四缸、V6、V8 等）和该类型中的具体型号。

某些部件不是必需的，所以你必须选择要不要这些部件。比如，你想要一个装饰罩吗？装饰罩是可有可无的。最后，你必须选择不同的部件应该怎么组装在一起。比如，你可能不想在本田思域车上安装怪物轮胎。怪物轮胎和本田思域的其他部件不搭配，因为怪物轮胎适合装在卡车上。

按照食谱烹饪也是一样。我们通过组合食材制作食物，我们选择购买哪些食材（如，有机西红柿或转基因西红柿），并且也有食材不是必需的。

当然，我们大多数人不会自己制造汽车（事实上，许多美国人也不自己做饭）。我们在车展上购买汽车，或者在市场或快餐店购买预先烹饪和加工好的食物。但是，我们使用语言时，我们都是熟练的制造师和设计师。当然，在某些情况下，我们也会把语言"卖掉"，也就是说，有时我们会重复别人所说或所写的内容。但是，在大多数情况下，我们不仅仅是重复别人所说的话，而且还构建和设计我们自己的结构和意义。

我们也可以用与思考制造和设计汽车或烹制食物类似的方式思考语言。在语言中，我们也有不同类型的部件。我们必须选择在我们的话语中需要什么类型的短语，如何将它们组织在一起。我们必须选择我们要在这些短语中使用的单词。并且，有些短语和单词是可选的，有些是必选的（如，英语句子必须有一个主语，及物动词必须有一个直接宾语等）。

正如制造汽车需要遵循一定的规则和程序，英语语法规则告诉我们如何用单词和短语来制造事物。例如，英语语法告诉我们，把一个冠词（如，"the"或"a(n)"）与形容词（如，"happy"或"tall"）连接，然后再与名词（如，"girl"或"boy"）连接，就可以得到一个更大的、可以接受的结构，称为"名词短语"："冠词＋形容词＋名词"（如，"the happy girl"）。因此，我们可以在一定程度上把语法看作告诉我们如何使用小成分构建大成分的规则，比如我们在这里讨论的名词短语。

语法还告诉我们如何构建介词短语。一种方式是把介词（如，"from"）和名词（如，"home"）连接在一起。这样，我们就会得到"介词＋名词"这样一种介词短语结构（如，"from home"，"to home"，"from Newark"）。语法也告诉我们，名词可以出现的地方，名词短语也可以。所以这个规则告诉我们，如果我们可以有"介词＋名词"（如，"from home"）这种介词短语，那么我们也可以有"介词＋名词短语"这种介词短语。

另一个语法规则告诉我们，介词短语可以添加到名词短语的末尾。因此，在"冠词＋形容词＋名词"这样的名词短语的末尾（如，"the happy girl"）可以添加一个介词短语，得到："冠词＋形容词＋名词＋介词短语"（如，"the happy girl from home"或"the happy girl from the sad town"）这样一个更大的名词短语。

正如在语法中有构建名词短语和介词短语的规则，也有构建动词短语的规则。一种动词短语是由一个动词后跟一个名词或名词短语构成的，因此，我们可以得到"动词＋名词"（如，"go home"）或"动词＋名词短语"（如，"love the puppy"）这样的动词短语。另外一种动词短语是由一个动词后跟一个名词短语和一个介词短语构成的，这样我们就可以得到"动词＋名词＋介词短语"（如，"go home to the country"）或"动词＋名词短语＋介词短语"（如，"love the girl with brown hair"）这样的动词短语。

语言中还有其他语法范畴——其他类型的"砖"或"块"。我们可以用这些砖或块构建句子成分之上的结构。例如，我们有主语、谓语和直接宾语等语法范畴。英语语法规定，把主语和谓语连接起来就构建了一个句子。主语必须是名词或名词短语，谓语可以是动词或动词短语（也有其他类型的谓语）。反过来，如上所述，动词短语由动词后跟一个名词或名词短语构成，也可能后跟一个介词短语构成。

所以我们可以组建这样的句子类型："名词＋动词"（如，"Girls laugh"），"名词短语＋动词"（如，"The happy girl laughed"），"名词＋动词＋名词"（如，"Boys like girls"），"名词短语＋动词＋名词"（如，"The happy girl likes boys"），"名词＋动词＋名词短语"（如，"Girls like the tall boy"）和"名词短语＋动词＋名词短语"（如，"The happy girl likes the tall boy"）等。

还有其他的语法范畴。例如，小句可以做其他种类的砖块（小句自己也是由更小的砖块组成的）。小句是具有主语和谓语的任何词串，但小句本身不是一个完整的句子。小句也可以连接起来组成更大的语言单位。例如，两个小句可以由连词（如，"and"，"but"）连接组成"小句＋连词＋小句"（如，"The happy girl laughed and the tall boy left"）这样的结构或模式。或者我们可以把一个小句与一个从属连词（如，"while"，"because"）组合，然后再与另一个小句以任

何顺序组合，得到 "（从属连词 + 小句）+ 小句"（如，"While the
happy girl laughed, the tall boy left"）或 "小句 +（从属连词 + 小句）"
（如，"The tall boy left, while the happy girl laughed"）这样的结构或
模式。

　　因此，我们可以把词类（如，名词、形容词、动词、副词、冠词
和介词等），或成分（如，主语、谓语和直接宾语等），或连词和小
句等看作砖块或构成更大结构或模式的语言单位。但就像制造汽车一
样，我们还必须在我们的制造过程中提出大量的设计方案。

　　我们做出的设计选择是：我们首先选择制造什么（即，我们想要
组合什么类型的短语和句子）。例如，我可以把相同的概念或思想组
织在一个短语（如，"children's growth"）或一个句子（如，"Children
grow"）中。我选择根据我想表达的意思和想做的事情来构建一个名
词短语或句子。

　　我们选择用什么类型的词语和什么具体的词语来组成我们想要的
短语和句子。例如，我们选择用什么类型的名词组成名词短语（如，
专有名词 "California" 或普通名词 "state"）和什么具体的名词来组
成名词短语（如，"state" 而不是 "province"）。

　　我们选择使用或者不使用哪些可选成分。例如，并不是所有的名
词短语中都必须有一个形容词，所以 "the happy girl" 和 "the girl" 都
是可接受的名词短语。

　　我们选择应该或不应该把什么类型的词语放在一起来实现我
们自己的风格和目的。例如，"Please find enclosed our contractual
agreement" 一句话中包含几个正式词语（"please"，"enclosed"，
"contractual" 和 "agreement"），因此创造出一个正式语调。像 "Give
our contract a look over when you get a chance" 这样的句子把词语以一种

听起来不那么正式的方式结合起来，在洽谈合同这样的正式场合可能听起来有点奇怪。

任何组合方式都有意义。例如，在"John married Sue"中，"John"是话题，是关注的中心，并从他的角度看待婚姻。"Sue married John"中的"Sue"也是一样。"John broke the clock"的重心是约翰，"The clock was broken by John"的重心则是时钟。"Load the wagon with hay"是指货车满载干草，而"Load hay on the wagon"则不需要货车上装满干草。你设计的每一种语言结构都决定了你的某些方面的意义（我们已经看到，一些意义不是由你所说的话语决定的，而是由你说话时的语境决定的）。不同的设计选择都有不同的意义。你可能选择称某人为"勇敢的自由战士"，我则可能会称这个人是"一个胆小的恐怖分子"。这两个都是名词短语，但是我们选择在名词短语中置入不同的词会产生截然不同的意义，即使我们是在谈论同一个人。

试比较"I don't eat beef"（其中"beef"是不可数名词）和"I don't eat cows"（其中"cows"是可数名词）。这里，名词的选择和名词类型（可数与不可数）的选择都会导致意义的不同。说"I don't eat beef"是把牛看作"stuff"，特别是看作食物。说"I don't eat cows"是把牛当成了活的动物，让我们知道我们吃的曾经是个活物。

不同类型的动词（同一个动词）也可以造成意义的差别。例如，在"Your clock broke"中，"break"用作静态不及物动词，即没有直接宾语，命名一种状态，而在"I broke your clock"中，"break"用作动态及物动词，有一个直接宾语，命名一个动作。为了使用这种不同类型的动词，我也必须选择不同的结构（如，"Your clock broke"和"I broke your clock"）。即使我打破了时钟，如果我告诉你"Your clock broke"，我的意思也有可能它是自己坏掉的。政客们经常会说"Mistakes were made"，而不说"I made some mistakes"。

如果你说"The queen died and then the king disappeared"，你的意思是国王失踪的原因是王后死了。如果你说"The king disappeared and then the queen died"，你的意思是王后死亡的原因是国王失踪了。英语语法允许你构建"小句 + 连词 + 小句"这样的结构或模式，问题是采取什么样的顺序。

我可以选择使用带有动词（"grow"）的句子"The child grew"，也可以选择使用一个带有名词（growth）的名词短语（"the child's growth"）来表达同样的意思。第一种选择，即一个句子，把生长看作一个过程；第二个选择，即一个名词短语，把生长看作一个抽象的事物。第二个选择也允许我使用这个名词短语来构建更大、更复杂的句子，如"The child's growth is within normal variation"。

我们按照语法规则用语言构建事物，以一种语法上可接受的方式（根据你的方言的规则）将这些"砖块"放置在一起。我们还要设计我们要（用什么类型的短语和句子）构建什么东西，使用什么词语和什么类型的词语，在语法允许的选项中如何选择，应该或不应该把什么词语组织在一起以实现我们自己的风格和期望的意义、细微差别和目的等。每个不同的设计选择都有不同的含义，虽然有时候意义的差别可以很细微、很微妙。

我们需要把词语和语法规则看作活跃的构建和设计工具。使用语言是对构建什么和如何构建的选择，以便我们可以表达我们想要表达的意思。但是，我们知道这个活跃的过程也总是涉及选择某些信息不说出来，而留给受话者根据语境去填充。

我们可以把说话者和写作者看作设计师。他们通过设计和构建语言结构来设计意义。这很像烹饪，我们通过组合食物来创造营养。当我们如鹦鹉学舌一般重复别人的话时，我们就把语言等同于加工过的食物——由其他人（通常是一个机构）烹饪的食物。这些人的心中偏好未必和我们的相同。

阅
读
书
目

Ortony, A., Ed., (1992). *Metaphor and thought*. Cambridge: Cambridge University Press.

Reddy, M. J. (1979). The conduit metaphor: A case of frame conflict in our language about language. In A. Ortony (Ed.), *Metaphor and thought*. Cambridge: Cambridge University Press, pp. 284-310.

Thomas. L (1993). *Beginning syntax*. Malden, MA: Blackwell.

语法插话
词汇

英语属于日耳曼语系，也就是说，它与德语是同一个家族。除了英语和德语以外，日耳曼语系还包括荷兰语、意第绪语、瑞典语、丹麦语、冰岛语和挪威语等。因此，很多英语单词当然是"日耳曼语"。但是英语也包含了大量拉丁语或法语(一种派生于拉丁语的罗曼语)单词。因此，英语有两大词汇库，一个是日耳曼语，另一个是拉丁语。当然，历史上英语也借用了其他语言（如，希腊语）的词汇。但是，日耳曼语和拉丁语单词占了英语词汇的绝大多数。[语言学家倾向于使用"lexicon"而不是"vocabulary"，并常常把单词称为"词项"。]

英语包含大量的拉丁语单词(从拉丁语和法语借用的词)，原因是两次历史事件：公元 597 年英格兰与罗马基督教的交流和公元 1066 年诺曼人的入侵。拉丁语是罗马教会的语言；诺曼人说的是早期法语（拉丁语的派生语言）。

今天，大多数英语单词有日耳曼语和拉丁语两种不同的形式。日耳曼语单词多用在非正式和日常语境中，而拉丁语单词多用在较正式和专业的语境中（当然，有些词在两种语境中都可以使用，两类词也可以出现在同一种语境中）。拉丁语词汇是书面语和读书人使用的语言。因此，"see"和"think"是日耳曼语，而"perceive"和"conceive"是拉丁语。其他的例子（前面是日耳曼语，后面是拉丁语）如：“alive”/“animate”；
“dog”/“canine”；“cat”/“feline”；“god”/“deity”；“tell”/“narrate”；
“land”/“terrain”；“manly”/“virile”。

　　一些教育学者把英语词汇分成三个“层次”。第一层次是
基本的日常词汇，通常用在口语中，如“go”，“home”，“dinner”
和“dog”。第二层次是较正式的词汇，主要用在学术、专业
和公共领域，以及各种书面文本中，如“process”，“state”，
“account”，“probable”，“occurrence”，“maintain”，“benevolent”
等。这样的词不会经常出现在每个人的日常会话中。第三层
次是在专业领域使用的狭义的专业技术术语，“electron”，
“spelunker”和“hydrogen”等。还有许多看似常用的词语，
如“work”，“heat”和“temperature”等，实际上已经成为
科学中的技术术语，在科学中和在日常生活中的意思是不一
样的。

　　教育界划分词语层次的主要原因是学校主要教授第二层
次的词汇，就是人们在非土语场合说话和在学校写作中使用的
词汇。许多二级词语来自拉丁语（有些来自希腊语）。

　　因此，英语词汇是不同语言风格——不同语域或社会语
言——的一个标记。日耳曼语词汇的优势标志着一种不太正式
而且比较“土”的风格，拉丁语词汇则标志着一种更正式的风
格。许多专业和学术领域都吸纳了大量的拉丁语词汇，这可能
是对受教育程度有限或文化修养水平较低或即使文化水平较高
但由于某种原因而厌恶这种语言的人的障碍。

　　我们接下来介绍另一个话语分析工具——词汇—工具。

工具8
词汇—工具

　　对于任何英语交际，询问在日耳曼语词汇和拉丁语词汇中选择了
哪一种？词汇类型的这种分布是如何标记交际风格（语域和社会语
言）的？是如何促进交际目的的？

─── **练习任务 9** ───

　　下面两段话是一位年轻姑娘在不同场合说的（关于这些语料的更多信息请参见第 2.8 节）。第一段话语是她在餐桌上对父母说的，第二段话语是她对男朋友说的。思考这两段话语中日耳曼语词汇和拉丁语词汇的应用，然后根据我们提出的说话者和写作者通常是积极的设计者和构建者的观点，回答以下问题：这位年轻姑娘是如何用语言设计和构建的？为什么她在这两种场合的说话方式如此不同？

　　1.He was hypocritical, in the sense that he professed to love her, then acted like that.

　　2.What an ass that guy was, you know, her boyfriend. I should hope, if I ever did that to see you, you would shoot the guy.

阅读书目

Beck, I. L., McKeown, M. G., and Kucan, L., (2002). *Bringing words to Life: Robust vocabulary instruction*. York: Guildford Press. [教育工作者的必读书。]

Jackson, H. and Amvela, E. Z. (1999). *Words, meaning, and vocabulary: An introduction to modern English lexicology*. New York: Continuum.

2.4　为什么此方式而非彼方式—工具

　　在上一节，我们认为可以把词和短语看作（根据语法规则）构建结构和意义的砖和块。我们还认为，建筑也总是需要设计选择的。我们选择构建什么（如，"Children's growth is spectacular" 中的名词短语 "children's growth" 或 "Children grow spectacularly" 中的动词 "grow"）、选择什么词语和什么类型的词语、有哪些可选项，以及选择组合或避免组合某些词语的方法等。

比如我们之所以要制造一辆汽车，是因为我们需要开车（也许还有其他原因，比如想向邻居炫耀）。同样，我们开车的原因也有很多。我们开车可以做各种各样的事情，比如上班、购物、度假、拜访朋友等。那么，我们为什么用语法构建呢？是因为我们要制造意义。但是，像开车一样，我们制造意义的原因也有很多，我们是要做各种各样的事情（见做而不只是说—工具）。

在学习了做而不只是说—工具之后，我们已经知道了我们用我们制造的意义所做的一些事情。例如，请思考以下话语：

1.I will be at your party tonight

2.See you at the party tonight

3.We're gonna party hard tonight, bro!

这几句话都是说话者告知受话者他或她将参加受话者的晚会，所以这里做的一件事情是告知。话语（1）说得很直接，话语（2）和话语（3）说得很间接。话语（2）和（3）还做了别的事情：表明与受话者联系紧密、关系密切，而话语（1）在社会和情感上都比较中立。相应地，话语（3）又比话语（2）表达的联系更紧密、关系更密切。

说话者对如何使用语法构建意义有不同的选择，即做出不同的设计。每个不同的选择都有不同的意义。在每个选择中，意义都被用来做不同的事情。

通过对使用语法构建和设计的讨论，我们可以引入一种新工具，"为什么此方式而非彼方式—工具"。

工具 9 为什么此方式而非彼方式—工具

对于任何交际，询问说话者为什么用语法以这种方式而不是其他方式构建和设计。不断询问还可以有其他什么说法，说话者以这种方式而不以其他方式说话是想表达什么意义，想做什么事情。

这一工具并不是完全独立于填充—工具或做而不只是说—工具之外的。相反，它是以另一种方式来实现目标。在现实中，我们需要同时使用这三个工具，并希望它们汇集在相同的答案上，因为这些工具让我们可以从不同的角度来处理语料。

语法插话　5
合并信息

小句是由主语和谓语组成的任何词串（如，"The boys liked the cakes"）。在传统语法中，句子是任何自身完整的语句（如，"The boys liked the cakes"）。非句子小句是具有主语和谓语但自身不完整的词串（如，在"John thinks that the boys like the cakes"中，"the boys like the cakes"是小句，而"John thinks that the boys like the cakes"是句子）。由于我不想一直说"小句或句子"，我会把所有包含主语和谓语的词串称为小句，不管传统语法称为小句还是句子。

一个小句的主语总是由名词或名词短语充当（如，"<u>Boys</u> like cake"或"<u>The tall boys</u> liked cake"）。动词的直接宾语也总是由名词或名词短语充当（如，"like <u>cake</u>"或"like <u>very small cakes</u>"）。小句的谓语总是动词或动词短语（如，"eat"或"eat small cakes"）。

由于名词短语可以和名词出现在相同的地方，动词短语可以和动词出现在相同的地方，所以许多语言学家只统计单个名词和动词，就像它们是短语一样，并且称它们（单个词语）为名词短语和动词短语。下面是一小部分英语语法规则。括号中的成分是可选的，可以有也可以没有。

小句→名词短语 + 动词短语
（如：The boys liked the cakes）
名词短语 →（冠词）（形容词）名词（介词短语）
（如：boys, the boy, the happy boys at the school）
动词短语→动词（名词短语）（介词短语）
（如：eat, eat the cakes, eat at home, eat the cakes from home）
动词短语 → 动词（that）小句
（如：think that the boys liked the cakes）

　　介词短语→ 介词 + 名词短语
　　（如：into the house）
　　小句 → 小句 and 小句
　　（如：John likes cake and Mary likes pie）
　　主语、宾语或动词，以及与动词一起的任何介词短语被称为动词的"论元"。这些短语说明动词的意义，在以动词命名的舞台上充当演员和地点。因此，在"The girl hit the boy on the head"这个句子中，主语"the girl"（"打人者"），宾语"the boy"（被打者）和"on the head"（"打"发生的地点）是动词"hit"的论元。
　　英语"be"动词和"have"动词的论元是一个主语和一个形容词短语（如，"Mary is very happy"）或一个名词短语（如，"Mary is the queen"或"Mary has the book"）。这些论元在传统语法中称为"谓语性形容词"和"谓语性名词"。
　　最简单的小句由一个动词和该动词的意义所要求的成分（必要论元）组成。如：
1a. Mary touched John　　[主语 + 动词 + 宾语]
1b. Mary is healthy　　[主语 + be + 谓语性形容词]
1c. Mary has a brother　　[主语 + have + 谓语性名词]
小句可以通过添加动词的可选论元得以扩展。如：
2a. Mary touched John on the head
2b. Mary touched John with her lips
2c. Mary touched John on the head with her lips
　　小句也可以通过添加非动词论元，但以某种方式修饰动词或整个小句的可选成分得以扩展。如：
3a. Mary lightly touched John ["lightly"修饰动词"touched"]
3b. Yesterday, Mary touched John ["yesterday"修饰小句"Mary touched John"]
3c. Fortunately, Mary is healthy ["fortunately"修饰小句"Mary is healthy"]
3d. Mary, fortunately, has a brother ["fortunately"修饰小句"Mary has a brother"]
　　小句可以以四种方式按照不同的紧密程度合并或联结在一起。第一种是比较"松散"的方式。这时，两个或两个以上的小句并列在一起，每个小句都是"主句"。"主句"是任何单独作为句子的小句，或除了并列以外与其他任何更大的小句没有关系的小句。所以在"The boys like cake and the girls like pie"中，整个句子是一个主句，而且由并列连词连接的两个小句（"The boys like cake"和"The girls like pie"）也都是主句。如：

4a. The boys like cake and the girls like pie

4b. The boys like cake but the girls like pie

第二，小句可以以不太松散的方式合并在一起。这时，一个或一个以上的小句充当另一个小句的从属句。如：

5a. <u>While John was not looking</u>, Mary touched him on the head. ["while"引导从属句]

5b. Mary touched John on the head <u>because he was causing trouble</u>. ["because"引导从属句]

第三，两个小句紧密地联结在一起。这时，一个小句可以嵌入在另一个小句内部充当其成分。如：

6a. John felt Mary touch him on the head ["Mary touched him on the head"嵌入在"John felt ..."中]

6b. John believed that Mary had touched him on the head ["Mary touched John on the head"嵌入在"John believed ..."中]

6c. Mary planned to touch John on the head ["(Mary) touched John on the head"嵌入在"Mary planned ..."中]

注意，在（6c）中，"Mary"被理解为"to touch John on the head"的隐性主语。这在不定式中很常见（如，"to eat"或"to plan"等不定式动词形式）。

第四，在最紧密的合并形式中，小句可以变成短语（从而失去其作为小句的地位）。这可以通过将动词变为名词的手段来实现，比如我们将动词"grow"变成名词"growth"。这个过程称为"名词化"。名词化允许我们把小句"Hornworms grow"变成名词短语"Hornworm growth"。

我说"把小句变成名词短语"的意思是像"Hornworm growth"这样的名词短语包含一个完整小句（"Hornworm grow"）的信息内容。小句变成名词短语以后，这个（包含完整小句信息内容的）名词短语可以用在新小句中，创造出新的、相当复杂的小句。如："Hornworm growth exhibits significant variation"。

我们也可以把形容词（如，"healthy"和"happy"）转移成名词（如，"health"和"happiness"），从而从"John is healthy"和"Mary is happy"这样的小句转移为"John's health"和"Mary's happiness"这样的名词短语。动词（如，"abuse"和"smile"）也可以变成形容词（如，"abused"，"smiling"）。这样，我们可以把"He abuses children"和"Children smile"这样的句子转移为"abused children"（"Abused children deserve help"）和"smiling children"（"Smiling children are cute"）这样的名词短语。

至此，我们从小句转到合并小句或消失在短语中的小句。但在话语分析中，我们通常必须反过来。我们必须从由两个或更多（有时很多）小句（通过我们刚刚讨论过的几种方式和其他方式合并或连接起来）组成的句子开始，然后把这些句子分开。也就是说，我们必须询问句子是由什么小句合并或连接或转移而成的。试举例如下：

7. When I was reading my textbook, I discovered that scientists think that hornworm growth exhibits significant variation

这句话相当复杂，并整合了大量信息。为了看清楚这些信息是如何整合的，我们必须把这个句子分开。这句话的主句是"I discovered that scientists think that hornworm growth exhibits significant variation"。"When I was reading my textbook"是从属句，通过从属连词"when"添加到主句上。"Scientists think that hornworm growth exhibits significant variation"是一个嵌入小句，通过（可选的）补充词 that 嵌入为动词"discover"的宾语。"Hornworm growth exhibits significant variation"是另一个嵌入小句，通过补充词 that 嵌入为动词"think"的宾语。名词短语"hornworm growth"包含了小句"hornworms grow"的信息含量。名词短语"significant variation"包含了小句"something varies significantly"的信息含量。

我们可以通过下图直观地呈现几个小句的信息以各种方

式合并为一个句子的复杂性。如：

从句　　　　　　　　　　　　　主句

(1) When I was reading my textbook, (2) I discovered that scientists think
hornworm growth exhibits
significant variation.
↓
嵌入句
↓

(3) that scientists think hornworm
growth exhibits significant variation.
↓
嵌入句
↓

(4) hornworm growth exhibits significant
variation.
↓　　　　　　　　　↓

(5) hornworms grow　　(6) something
varies significantly

我们也可以只把这些小句列出来：

1. 主句：I discovered that scientists think hornworm growth exhibits significant variation.

2. 从句：When I was reading my textbook.

3. 嵌入句：That scientists think hornworm growth exhibits significant variation.

4. 嵌入句：That hornworms exhibit significant variation.

5. 名词化：Hornworm growth (hornworms grow).

6. 名词化：Significant variation (something varies significantly).

关键是"While reading my textbook, I discovered that scientists think that hornworm growth exhibits significant variation"这个句子整合打包了六个小句的信息。此外，每一个小句的信息紧密程度或多或少地（并列比从属松散，从属比嵌入松散，嵌入比名词化松散）整合到整个句子中。

小句的整合或打包允许说话者选择以什么方式来组织他

们想呈现和表达的信息，允许说话者对他们想要交流的信息采取某一特定的观点。这是用语言设计和构建的关键部分。

例如，从属句中的材料是假定的而不是肯定的；主句中的材料是前景化的、肯定的。所以如果我说，"Even though they are different parties, Republicans and Democrats both serve the rich (people in society)"，我是在假设民主党人和共和党人是不同的党派，并肯定他们都为富人服务。我认为他们党派差异的信息没有他们服务于富人的信息重要，不足以超越他们为富人服务的相似性。

另一方面，如果我说"Even though Republicans and Democrats both serve the rich, they are different parties"，我假设他们为富人服务，并且声称他们是不同的党派。现在我考虑的事实是，他们服务于富人不如他们属于不同党派重要，并且事实上他们属于不同党派的意义超越了他们服务于富人的意义。

嵌入小句也不是肯定的。如果我说"John told Jane's husband that she had cheated on him"，不是我自己断言简欺骗了她的丈夫，虽然在某些语境中可能是这个意思。但如果我说"Jane cheated on her husband and John told him so"，是我断言简欺骗了她的丈夫。

我们把小句变成短语时，往往会省略掉一些信息。如果我说"physically abused children need support"，"physically abused children"是一个名词短语，包含一个小句的信息内容："someone abuses children physically"。当我们把这个小句变成短语（使用短语而不是小句）时，我们可以省略主语，也就是说，我们不必指出是谁虐待了儿童。因此，请思考下面从一篇研究论文中摘录的句子（Pollak, S. D., Vardi, S., Putzer Bechner, A. M., and Curtin, J. J. (2005), Physically abused children's regulation of attention in response to hostility, *Child Development* 76, 5: 968-977）。

8.The present data suggest that once anger was introduced abused children maintained a state of anticipatory monitoring of the environment.

短语"abused children"是指实验中的受试者，因此实际上是指该实验中的受虐儿童。这个短语与小句"someone abused the children"有关。如果这一信息用一个小句说出来，施虐者必须以某种方式被指出来，因为小句需要主语。事实上，这项研究中的施虐者是孩子的父母。文章开头就说明了这一点，然后使用短语"physically abused children"或"abused children"。

作者这么做是为了追求简洁，所有技术性写作都会追求简洁。当然，作者这么做也许还有其他原因。对儿童做实验往往需要儿童父母的许可，但是，在这个实验中，施虐者恰好是儿童的父母。作者在论文中没有真正直面这一事实，而是频频使用"受虐儿童"，以此削弱父母的凸显度，冲淡对儿童做实验的困境：在本实验中，儿童的父母代表不了他们孩子的最大利益。

我们由此引入话语分析的另一个语法工具——整合—工具。

对于任何交际，询问小句是如何被整合或打包成话语或句子的。哪个可选论元被省略了，哪个没有被省略？小句变成短语时什么被省略了，什么没有被省略？把信息打包到主句、从句、嵌入句以及承载小句信息的名词短语中的方式实现了哪些方面的交流？

工具 10
整合—工具

练习任务 10 ---

请把整合—工具应用于下面的句子（与前述句（8）出自同一篇研究论文）。也就是说，根据小句的组成成分和承载小句信息的短语拆分句子：

9.First, we sought to further examine the ways in which physically abused children can regulate attentional processes when confronted with anger or threat.

在这个实验中，实验者让受到父母虐待的五岁儿童听父母吵架的声音。句（9）省略了什么信息？["processes"是与动词"process"相关的名词，因此它包含了某人处理某事的信息；"attentional"是一个与动词（attend）有关的形容词，所以它包含某人参与某事的信息；"anger"是一个与谓语性形容词"be/get angry"相关的名词，所以它包含了某人对某人发怒的信息；"threat"是与动词"threaten"有关的名词，所以它包含了某人威胁某人的信息]。谁在用愤怒和威胁面对孩子？"用威胁面对某人"是"威胁他们"的意思吗？在这里是谁（如果你认为有人的话）在威胁谁？

——— **练习任务 11** ———

尽可能打包或整合下面的句子。当然，也可以不打包，只把几个句子组合在一起，如"The book belonged to John. It had a cover. The cover was green. The cover was torn"。你可以添加或省略"小词"来整合句子（如，"John's book had a green cover that was torn"）。不同的合并方法会产生什么不同的意义？

10a. The book had a cover

10b. The book had a green cover

10c. The cover was torn

10d. The book belonged to John

用同样的方法合并下面的句子（同样，你可以添加或省略"how"这样的"小词"，你可以把"significantly"变成"significant"，"develop"变成"development"，"vary"变成"variation"）。当然，我们也可以把两个小句分开，如："All children develop. But they develop in significantly different ways"。

11a. All children develop

11b. Children vary significantly in how they develop

阅
读
书
目

Halliday, M. A. K. and Matthiessen, C. (2004). *An introduction to functional grammar*. Third Edition. London: Hodder Arnold.

2.5　使用为什么此方式而非彼方式—工具

为什么此方式而非彼方式—工具可以让我们询问为什么有些事情这么说出来而不是通过其他方式说出来。使用此工具的一种方法是询问你自己分析的语料可不可以用不同的方法说出来。然后询问为什么这么说出来而不是那么说出来。下面，你可以练习使用为什么此方式而非彼方式—工具。

练习任务 12

思考下面从保罗·加尼翁（Paul Gagnon）的书《民主的不可思议的故事：世界历史教科书忽视了什么》（*Democracy's Untold Story*：*What World History Textbooks Neglect*）（Washington, D.C.：American Federation of Teachers, 1987, pp. 65–71）：

Also secure, by 1689, was the principle of representative government, as tested against the two criteria for valid constitutions proposed in the previous chapter. As to the first criterion, there was a genuine balance of power in English society, expressing itself in the Whig and Tory parties. As narrowly confined to the privileged these were, they nonetheless represented different factions and tendencies. Elections meant real choice among separate. contending parties and personalities.

我们可以把 "As narrowly confined to the privileged classes as these

were, they nonetheless represented different factions and tendencies"
一句稍加修改，变成 "As narrowly confined to the privileged classes
as these were, the Whig and Tory parties nonetheless represented
different factions and tendencies"。下面我用两种不同的方式来说
明这个信息：

1.As narrowly confined to the privileged classes as these were, the
Whig and Tory parties nonetheless represented different factions and
tendencies.

2.Though they represented different factions and tendencies,
nevertheless, the Whig and Tory parties were narrowly confined to the
privileged classes.

这两句话在语法上和意义上有什么不同？为什么加尼翁不用
句（2）而用句（1）？

———————————— **练习任务 13** ————————————

思考下面两个句子：

1.Hornworms sure vary a lot in how well they grow.

2.Hornworm growth exhibits a significant amount of variation.

这两个句子是以非常不同的方式构建和设计的。为什么句（1）的
说话者不用句（2）说？为什么句（2）的说话者不用句（1）说？

列出句（1）和句（2）之间的所有语法差异——说话者对如
何使用语法，如何采用语法构建和设计的不同选择。对于每个差
异，请思考说话者为什么这么说而不那么说。例如，为什么句
（1）的主语是 "Hornworms"，而句（2）的主语是 "Hornworm
growth"？

根据这些选择，你认为说话者的每句话想做什么？想实现
什么？

虽然这些都是口头语，如果你不知道，你认为哪一句更可能
是书面的？为什么？

无论是说还是写 "Hornworm growth sure exhibits a significant
amount of variation" 这样的句子都比较奇怪，为什么？

语法插话
话题和
主位

我们在第一单元的语法插话 2 中看到，小句由主语和谓语组成。这时，我们可以说小句的主语是它的"话题"。话题有很多含义，这里的意思是小句中与谓语相关的实体。如果我说"Mary got into Stanford"，我谈论的是玛丽，意思是斯坦福大学录取的是玛丽。如果我说"Stanford admitted Mary"，我谈论的是斯坦福大学，意思是录取玛丽的是斯坦福大学。如果我问"Did Mary get into Stanford?"我是在问玛丽是否被斯坦福大学录取了。

虽然小句的主语通常也是"话题"(这是主语的一般含义)，但在不同的使用情景中，主语会承载一系列更具体的含义。在辩论中，如果我说"The constitution only protects the rich"，句子的主语（"The constitution"）是一个实体，这个句子是关于这一实体的断言；如果你的一个朋友刚刚到达，我对她说"Mary's here"，句子的主语（"Mary"）是兴趣或关注的焦点；如果我在与朋友交谈中说"You really got cheated by that guy"，句子的主语（"you"）是一个同感中心（主动句的正常主语"that guy really cheated you"从主语位置"降级"）。当然还有其他可能。

还有另一个重要的话语概念与"话题"概念密切相关，我们称为"主位"["主位"一词在语言学文献中的使用方式很多；我在这里采用语言学家 M.A. K. Halliday 的用法]。小句的"主位"是信息的出发点，是解释该小句的框架。主位将受话者定向到要传达的信息。在英语中，小句主位是主语之前的任何成分。如果主语之前没有其他东西，那么主语既是主位又是话题。所以在"Stanford admitted Mary last year"这一句话中，"Stanford"既是主语又是话题和主位。在"Last year, Stanford admitted Mary"一句中，"Last year"是主位，"Stanford"是主语和话题。

主位在小句中实际上是一个位置，不一定是一个成分。所以在"Well, last year, on her birthday, Mary got into Stanford"这样一句话中，"Well, last year, on her birthday"是一个复杂主位。语法词"well"和其他感叹词、连词（如，"and"，"but"，"so"

等）、连接副词（如，"however"，"because"，"though"，"therefore"等）通常被称为"语篇主位"，因为它们的功能是帮助把小句和句子连接起来，其信息含量比"last year"和"on her birthday"少得多。所以我们可以区分语篇主位（如"well"）和承载较多信息含量的非语篇主位（如，"on her birthday"，即 Halliday 所说的"人际主位"）。我将用"textual theme"指语篇主位，而用一个词"theme"来指具有更多信息内容的主位。

有时，句子的主语是省略的，因为它可以从上下文中推理出来，如："In this project, we lay the ground work for developing a potentially transformational approach to assessment in the twenty-first century"。在这一句话中，"we"被理解为"developing"的主语（即"our developing"），但被省略了。所以，在"John left my house at five and went home"中，"John"被理解为"went home"的主语。如果被省略的主语前面没有任何东西，被省略的主语仍然被视为话题和主位。

"主位"创建了一个观察小句或句子中其他任何成分的视角，它是小句或句子中其余信息的出发点。它设置了我们观察小句或句子中其他信息的框架或语境。正常情况下——语言学家称为无标记情况——英语的（句首）主语也是主位和话题。当主语之外的成分位于句首并因而充当主位时（如，"Last year, Stanford admitted Mary"），语言学家称之为"有标记"（不常见）主位。

如果我说，"Regrettably, the big girl hit the small boy"（主位 = "regrettably"；话题 = "the big girl"），那么，我是通过我感到遗憾这一镜头来观察大女孩打了小男孩这件事的。如果我说，"The big girl, regrettably, hit the small boy"（主位 = 话题 = "the big girl"），那么，我是通过我对大女孩的想法或感觉这一镜头来观察她的打人行动和我对此事的遗憾的。

每个小句都有其话题和主位。当一个句子包含多个小句时，除了每个小句都有自己的主位之外，整个句子也可以有一个主位。主句主语前的所有成分都是句子的主位。如果在主句主语前没有成分，那么该主语就是句子的主位。

　　所以，请思考这句话："Though Mary loves John, she treats him poorly"。这里"though"是语篇主位，"Mary"是小句"Mary loves John"的话题／主位，"she"是小句"she treats him poorly"的话题／主位。然而，由于"Though Mary loves John"位于主句主语之前（即"she treats him poorly"中的"she"），这个从属小句本身是整个句子的主位。在"Mary treats John poorly, though she loves him"这一句话中，主句主语之前没有什么成分，（即"Mary treats John poorly"中的"Mary"），因此"Mary"既是其所在小句的主位，又是整个句子的主位。

　　我们在第 1.4 节看到过下面一句话：

LAST YEAR / Mary Washington / who is our curriculum coordinator here / had a call from Sara //

　　说话者是一位中学教师。她在参加由当地一所大学的学者（包括萨拉）组织的一个项目的第一次正式会议。她被要求在开会时介绍每一位参会人员。会议在她的学校举行。

　　在会议晚些时候，这位老师明确表示，她和其他老师在此次会议召开之前为开展这个项目做了大量的努力。在她看来，这些大学学者为召开此次正式会议拖延了太长时间。因此，她将"last year"作为她的第一个小句的主位，并给予强调重音。这是有标记主位（不常用的），因为常用的（无标记）形式应该是"Mary Washington who is our curriculum coordinator here had a call from Sara last year"。通过使用这种不太常用的（标记性）选择，说话者凸显了"Last year"。

　　这位教师通过把"Last year"用作第一个小句的主位制订了一个框架，接下来的信息根据这一框架得以解释。这一框架不仅包括"last year"作为主位的小句，而且包括这个小句之后她的话轮延伸的很多内容。她想清楚地说明，从她和其他教师的努力方面来看，会议前期准备时间太长，大学学者一方迟迟不召开会议，而且态度消极。她希望受话者用一年时光的流逝作为理解她说的话的一个框架。

　　我们由此提出说话语分析的另一个语法工具——话题和主位—工具。

工具 11

话题和主位 │ 工具

对于任何交际，询问每个小句的话题和主位是什么，以及包含几个小句的句子的主位是什么。为什么说话者会做出这样的选择？当主位不是主语／话题，并因此偏离了常规（无标记）选择时，主位是什么，以及为什么这样选择？

在第 1.4 节中，我们看到过以下语句（我把这些语料按照有明显句子边界的方式转写下来）：

And we um BOTH expected to be around for the summer institute at Woodson. I DID participate in it. But Sara wasn't able to do THAT.

这段话中的"and"和"but"是语篇主位。这里的"but"是如何创造语境或构建解释框架（即主位角色）的？如果说话者说"I did participate in it, Sara, however, wasn't able to"，会有什么不同？把强调重音放在"did"，"Sara"和"and that"，并应用"but"作语篇主位，所有这些是如何帮助实现交际的？

练习任务 14

思考以下从基金申请书中摘录的书面句子：

In this project, we lay the ground work for developing a potentially transformational approach to assessment in the 21st century. Today, work that requires only basic skills flows overseas where labor is cheaper.

讨论这次交际的主位选择以及这些主位是如何运作的（即它们是如何构建解释框架的）。这段话出自一项基金申请书（科研拨款申请）。这有助于解释主位的选择吗？这种语言组织方式与下面的版本有什么不同？

We lay the ground work for developing a potentially transformational approach to assessment in the 21st century in this project. Work today that requires only basic skills flows overseas where labor is cheaper.

练习任务 15

　　思考下面四个句子。这几个句子的内容差不多（当然也不是完全一样）。请指出每个句子的话题和主位，并回答为什么这么选择？这些不同的选择分别传递了什么不同的信息？

　　1.For no good reason, the stupid company she works for fired my daughter.

　　2.The stupid company she works for fired my daughter for no good reason.

　　3.For no good reasons my daughter was fired by the stupid company she works for.

　　4.My daughter was fired by the stupid company she works for for no good reason.

阅读书目

Halliday, M. A. K. and Matthiessen, C. (2004). *An introduction to functional grammar*. Third Edition. London: Hodder Arnold.

用语法构建和设计

在第 2.5 节中，我请你思考过下面两个句子：

1.Hornworms sure vary a lot in how well they grow.

2.Hornworm growth exhibits a significant amount of variation.

　　让我们来看看如何用语法构建这两个句子所代表的一些不同的选择。然后我们询问为什么做这些选择，它们有什么意思，以及它们允许说话者完成（做）什么。

句子的主语命名句子是关于什么的（"话题"）。如果它们位于句首，它们还命名我们观察我们想要做出声言的视角（"主位"）。

句（1）是关于天蛾幼虫（可爱的绿色小蠕虫）的，并从天蛾幼虫的角度出发。句（2）不是关于天蛾幼虫的，而是关于天蛾幼虫的特点或特征的，即"Hornworm growth"，特别是可以量化的特点或特征，并从这个角度出发。

在句（1）中，"sure"是一个感情或情感标记词，表示说话者印象深刻或感到惊讶。情感标记传递说话者 / 写作者的态度、兴趣，甚至价值观。句（2）不仅没有"sure"，而且"sure"的存在会使句子听起来很奇怪："Hornworms sure display a significant amount of variation"。句（2）中的态度、兴趣和 / 或价值观似乎不合适或看起来很"奇怪"。你为什么这么认为？

句（1）涉及由动词（"vary"，"grow"）命名的动态过程。句（2）通过"名词化"这一语言学手段把这些动态过程变为抽象的事物（"variation"，"growth"）。句（1）有一个实词动词（"vary"）。句（2）有一个存现动词（"exhibit"），一种类似于系动词的动词类别（即"be"类的动词）。这种动词不像"vary"有那么深入或丰富的内容。这种系动词和存现动词基本上只是将事物（在这里是"hornworm growth"和"significant variation"之类的抽象事物）彼此关联的方法。

句（1）包含短语"vary a lot in how well they grow"（动词短语）。什么决定了天蛾幼虫的差别很大？是说话者看见过这一事实。这句话是一个养天蛾幼虫的小女孩在教室里说的。她提出天蛾幼虫在成长过程中差别很大这一观点是基于她对天蛾幼虫的养护、研究和观察得到的。有些似乎很小，有些很大。她判断差别"很大"的标准是她自己认为（根据她自己看到的证据）。

句（2）中没有短语"vary a lot in how well they grow"，但有短语
"display a significant amount of variation"。什么决定了这里的差别确实
很显著（"significant"）（相当于句（1）中的"a lot"）？不是说话
者的意见，或他或她看到了什么。"significant"一词表示根据一个学
科（这里是生物学）的目标和程序来评价的一个量，而不只是一个人。
这是生物学的一个特定领域，包括生物学理论，以及差别显著性的统
计学检验。我们所有的天蛾幼虫可能是发育不良或非成长良好的典型
（"well grown"是从非专业的日常视角来看的），但根据统计学检验
仍然显示出统计显著的体形差异。它们的外观是通过生物学学科给我
们的统计学检验结果"宣告"的。

因此，句（1）和句（2）之间在如何通过语法规则构建和设计方
面有很多不同。但这些不同意味着什么？想实现什么目标？事实上，
句（1）和句（2）是不同的语言风格或变体。我们以后会称它们为两
种不同的"社会语言"（见第4.4节）。

句（1）是一种本土风格，是我们作为"日常人"的说话风格，不
表明专业地位或知识水平。我们每个人都有本土风格，虽然这种风格
因方言和文化的差异而不同。

句（2）是一种专业的语言风格。专业风格是专家学者以专家学者
身份说话的风格（不以专家学者身份说话时他们也用本土风格）。

句（1）中的语法选择方式在一定程度上传递的信息是一个人在作
为"日常人"说话，根据自己对世界的观点和审视来提出主张。句（2）
中的语法选择在一定程度上传递的信息是一个人在作为专家学者说话，
不仅根据自己的世界观和审视来提出主张，而且根据自己学科的正式
理论、工具和做法来提出主张。

当然，当我们作为"日常人"说话时，我们自己有与我们的家庭和文化中其他人共享的说话和做事的理论和方法。但专家学者使他们的理论和实践更加公开和开放，他们分享的人群远远超越他们的家庭和文化。

句（2）使用语法构建和设计的意义是一个学科群体共同寻求专业知识发展事业的一部分（"共同"的意思是共同训练和同行评议等活动）。这群人开发了许多工具，包括实验仪器、测量设备和统计学检验手段等。他们用这些工具生产知识。他们说话和写作的方式——他们的专业语言风格——也是这些工具之一，一种试图创造知识的工具。

句（1）本身也是一种共同活动。虽然说话者在表达自己的观点，而且这种观点不会得到专家群体的支持，但说话者肯定认为，如果天蛾幼虫的成长在她眼里差别很多的话，那么在别人眼里也是一样。她的断言，特别是"sure"一词的使用，表明她认为她看到的对"任何人"来说也是或应该是显而易见的。但这里的"任何人"是指"日常人"，而不是专家。专家有与"日常人"不同的标准（请记住，在我们日常人看来天蛾幼虫之间的差异很大，但专家的统计检验显示这些差异并不"显著"）。

重要且也是我想强调的是：通过使用语法以不同的方式构建和设计话语，句（1）和句（2）的说话者也在帮助构建别的东西——句子之外的东西。句（2）的说话者帮助构建和维持生物学学科领域。通过生物学的语言风格，说话者再现并维持生物学学科领域，即使他或她的具体论断被证明是错误的。

我们可以称句（1）的说话者帮助构建和再现（继续、维持）的东西为"生活世界"。生活世界是我们作为"日常人"说话、评价和行动，根据"常识"或各种证明是"日常人"的证据来做出断言的领域。

人们的生活世界因文化而异。不同的文化，即使在像美国这样的国家中，对于"常识"和共享证据也有不同的标准。然而，在现代世界中，生活世界和专家对知识的要求经常存在冲突。我们往往不知道我们应该相信什么。此外，过去两个世纪的专业知识，不管结果怎样，都大大侵蚀了"日常人"可以随意做出断言的空间。

| 阅 |
| 读 |
| 书 |
| 目 |

Gee, J. P. (2004). *Situated language and learning: A critique of traditional schooling*. London; Routledge.

Halliday, M, A. K. and Martin James R. (1993). *Writing science: Literacy and discursive power*. Pittsburg, PA: University of Pittsburg Press.

Schleppegrell, M. (2004). *Language of schooling: A functional linguistics perspective*. Mahwah, NJ: Lawrence Erlbaum.

2.7　用语言构建世界事物

到目前为止，我们在本单元讨论了如何用语法构建短语和句子，以传达意义和执行行动。我们选择词语，用语法构建短语和句子时，便给受话者提供了在头脑中构造一幅相关图景的线索或暗示或诀窍（随便怎么命名）。我们使用什么样的短语，在短语中使用什么样的单词，以及单词和短语之间连接方式的选择等决定于我们想在受话者头脑中形成什么图景。

例如，假设有人对你说"My daughter got a PROMOTION at the agency"（强调"promotion"）。这句话是以某种方式建立的。"daughter"一词告诉你（受话者）在头脑中建立一个女孩儿的图景（这里指的是一个成人女孩儿）。"My"使女儿与说话者联系了起来。"My daughter got a PROMOTION"使你在头脑中把"提拔"和"女儿"联系起来。

说话者所做的选择的每一个方面都会对受话者在自己头脑中建立的图景产生影响。说话者在这里选择"my daughter"作为主语（因此也是话题）。他也可以选择"the agency"作为主语和话题（如，"The agency promoted my daughter"）。他选择"got a promotion"而不是"was promoted"（如，"My daughter was promoted at the agency"）。他选择强调"promotion"，但他也可以不这样做（如，"My daughter got a promotion at work"）。他选择说"agency"，而不是说"her company"或"the FBI"。

这句话的构建方式在你头脑中建立起一幅机构提拔说话者女儿的图景。由于"my daughter"是主语和话题（和主位），你必须在头脑中形成一个关于她而不是机构的图景。

使用"agency"一词意味着你已经知道说话者女儿的工作单位（比如，以前曾经说起过）。所以你必须把这一信息从记忆中拿出来，放入你的心理图景中（假设你知道这个机构是 FBI）。事实上，我们知道，你脑海中形成的画面不仅由话语而且还由产生话语的语境所决定。

短语"got a promotion"而不是更中性的"was promoted"的使用表达了说话者对女儿的情感以及某种好事要发生在女儿身上的感情。所以这也添加到了你的心理图景中。

"promotion"一词的强调表明，提拔是一件令人惊喜、令人愉快或有某种特殊性的事件。你可以从你的语境知识中确定是哪一个，并且也把它放入你的心理图景。

基于上下文（如，你对说话者的了解和你们之前的交流等），你可以（使用填充—工具）把更多的信息添加到你的心理图景中。比如，你可能知道，说话者的女儿刚刚到 FBI 工作，因此说话者希望你会把

他女儿的晋升看作意想不到的大事。或者你可能知道他女儿已经在
FBI 工作多年，并多次失去定期晋升的机会，因此说话者实际上想说
"我女儿终于获得提拔了。"

　　受话者可以将他们在心中形成的图景（基于语句的构建方式以
及上下文）视为真的（真实）、可能的或假的（不真实）。例如，
虽然你知道说话者一向爱撒谎，但你仍然在头脑中形成了他的女儿
得到特别提拔的图景，只不过你对这幅图景的真假半信半疑。

　　到目前为止，在我们的研究中我还不知道大脑中的这些心理图景
是由什么组成的。它们可能是基于我们的形成图像的能力或头脑中的
某种语言符号系统，也可能是二者的组合。它们被冠以不同的名字，
如"心理模型""话语模型""话语记录"和"可能世界"等。

　　所以在用语法构建时，我们使意义与语境相结合，使受话者在他
们的头脑中构建被认为是真实的、可能的或不真实的世界图景。这就
是用语法构建的意义所在。

　　然而，我们使用语言来让人们在他们的头脑中构建图景有很多不
同的目的。我们说话并且把图景放在人们的头脑中，因为我们想让事
情在世界上发生。我们想做事情，而不只是说事情。为了做这些事情，
我们要从事另一种构建活动，我们可以称之为"世界构建"。我们构
建（或摧毁）的不是语法事物，而是世界事物。

　　例如，我们在上一节看到生物学家（选择符合生物学语言风格的
语法）以生物学语言说话和写作，实际上是帮助构建、创造、再创造
和维持世界中的生物学事业。这一事业不仅仅涉及人，而且涉及机构，
包括大学生物系、生物学杂志、生物学学会和生物学会议等。

　　我们使用语言（我们用语法构建），以便我们也可以构建世界
事物，使事件发生，并努力使它们成为真实的。让我举一个例子（我
们将在下一单元研究这个过程）。根据需要，我简化了这个例子。

　　夫妻之间是如何建立和维持关系的？他们共同做事，彼此为对方做事，并以某种方式彼此说话。那么，请思考下面的内容。妻子曾送给丈夫两个领带作为礼物。他戴着一条领带愉快地进了房间。她说："你不喜欢另一条吗？"这是一种"双重约束"式的交流。丈夫不可能赢。不管他戴哪条领带，妻子都会这么说，暗示他不喜欢另一条。这是一种充分沟通，妻子用语言没有在世界上构建任何东西，反而是破坏了东西，即她的关系。

　　另一方面，以支持、协作和爱的方式与配偶交流可以巩固和维持关系。在这个简单的例子中有两件事是清楚的。第一，我们说话的方式会对世界产生影响，它可以建立事物也可以摧毁事物。在这个例子中，我们谈论的是建立或摧毁关系。我们以后还会讨论建立或摧毁其他事物。

　　第二，语言很少单独用于这种建立或摧毁过程。行动、身体，以及周围环境也发挥作用。整天在车库里工作，没时间和妻子相处的丈夫就是在摧毁关系。从来不看或抚摸丈夫的妻子也是在摧毁关系。赤贫也可以摧毁关系。在世界上，语言几乎总是与非语言"素材"（身体、动作、物体和环境等）协同工作。

　　这意味着，我们通过语法构建的意义——以及我们在人们的头脑中构建的心理图景——真的是工具。它们是做事情的工具，我们用这些工具做的事情之一是构建事物（如，生物学学科）和摧毁事物（如，婚姻）。

阅读书目

Bolinger, D. (1930). *Language, the loaded weapon: The use and abuse of language today.* New York: Longman.

Gee, J. P. (2004). *Situated language and learning: A critique of traditional schooling.* London: Routledge.

**语法插话
节 7**

我们在语法插话 3 中看到，话语是以音调单元或思想单元产生的。这些单元通常是但不总是一个子句。当然，单个思想单元中的信息含量通常太小，无法包含说话者想说的所有信息，因此通常需要将多个思想单元整合到更大的信息块中。

话语经常被组织成思想单元组，我将称之为"节"。每个节都是关于某一时间某一地点的一个重要事件的发生或状态的一组思想单元，或者也可以说它关注某一特定角色、主题、图像、话题或观点等。当时间、地点、角色、事件或观点改变时，我们通常得到一个新节。我使用"节"这个术语是因为这些单元有点儿像诗歌中的节。

在一个更大的语类中——如叙述、描述、解释和阐述——节本身往往被组织成更大的信息块，在整个叙述、描述、解释、阐述或任何语类中发挥作用。

我们来看一个七岁的非洲裔美国小女孩儿在学校分享时间讲的一个故事。我按行和节的布局来展开小女孩儿故事的开头部分。每个编号的行代表一个思想单元：

故事背景

第一节（被卡着）

1.last yesterday

2.when my father

3.in the morning

4.an' he ...

5.there was a hook

6.on the top of the stairway

7.an' my father was pickin me up

8.an' I got stuck on the hook

9.up there

第二节（吃早餐）

10.an' I hadn't had breakfast

11.he wouldn't take me down

12.until I finished all my breakfast

13.cause I didn't like oatmeal either

请注意第一节是如何关于挂在钩子上，第二节是如何关于吃早餐。这两节构成了小女孩故事的背景，我们稍后将会看到。这里有两个信息块。

连贯的话语就像盒子套盒子。思想单元大多数是单个小句。几个思想单元组合成节，充当一个信息块。然后，一个或多个（通常是多个）节可以构成一个更大的单元，比如故事背景中的设定或论证中的解释。

更大的信息块，比如暑假发生的一个故事、一场为增加税收的辩论、一些关于重新分配财富计划的描述等，都有自己独特的、更高级的组织方式。也就是说，这些大的信息主体也有自己特殊的组成部分，这一点非常类似于人的身体的组成（脸、躯干、手、腿等）。这些部分是组成身体或信息主体的最大部分。每一大部分都由自己的小部分组成（肢体由皮肤、骨骼和肌肉组成，信息主体的部分由它们自己的节和行组成）。上述小女孩儿的故事背景就是她的故事的一个较大部分，是她的故事的一个"肢体"。

下面是小女孩的整个故事内容。故事的每个更大的"肢体"用罗马数字编号，标记为大写（黑体）字（SETTING，GATALYST，CRISIS，EVALUATION，RESOLUTION 和CODA）。为了更清楚地看到小女孩儿故事的构成，我在呈现行和节时做了一点儿小小的改动。我删除了故事中的各种迟疑和间断，而迟疑和间断是所有话语的重要组成部分（它们告诉我们说话者是如何在头脑中构思话语的）。我还把小女孩儿的不构成完整小句的行放回到了小句中（只留下了"last yesterday"，因为这是一个时间状语，大多数故事都用这样的时间状语）。我在这里呈现的实际上是我所说的"理想行"，目的是让小女孩儿的故事结构更加清楚。

一个七岁小孩子的故事
第一部分：SETTING（背景）

第一节

1.Last yesterday in the morning

2.there was a hook on the top of the stairway

3.an' my father was pickin' me up

4.an I got stuck on the hook up there

第二节

5.an' I hadn't had breakfast

6.he wouldn't take me down

7.until I finished all my breakfast

8.cause I didn't like oatmeal either

第二部分：CATALYST（起因）

第三节

9.an' then my puppy came

10.he was asleep

11.he tried to get up

12.an' he ripped my pants

13.an' he dropped the oatmeal all over him

第四节

14.an' my father came

15.an he said "did you eat all the oatmeal?"

16.he said "where's the bowl?"

17.I said "I think the dog took it"

18. "Well I think I'll have t'make another bowl"

第三部分：CRISIS（危机）

第五节

19.an' so I didn't leave till seven

20.an' I took the bus

21.an' my puppy he always be following me

22.my father said "he ... you can't go"

第六节

23.an'he followed me all the way to the bus stop

24.an'I hadda go all the way back

25.by that time it was seven thirty

26.an'then he kept followin'me back and forth

27.an'I hadda keep comin'back

第四部分：EVALUATION（评价）

第七节

28.an'he always be followin'me

29.when I go anywhere

30.he wants to go to the store

31.an'only he could not go to places where we could go

32.like to the stores he could go

33.but he have to be chained up

第五部分：RESOLUTION（解决）

第八节

34.an'we took him to the emergency

35.an'see what was wrong with him

36.an'he got a shot

37.an'then he was crying

第九节

38.an'last yesterday, an'now they put him asleep

39.an'he's still in the hospital

40.an'the doctor said he got a shot because

41.he was nervous about my home that I had

第六部分：CODA（尾声）

第十节

42.an'he could still stay but

43.he thought he wasn't gonna be able to let him go

小女孩儿的故事有一个高级结构，其组成部分有背景——设定故事发生的时间、地点和人物；起因——设置一个问题；危机——要求解决问题；评价——说明故事为什么有意思并值得讲；解决——解决了故事中设置的问题；尾声——结束故事。

故事的每一部分（除了评价和尾声）都由两节组成。

从某种程度上来说，所有故事都是这种结构，无论什么文化群体或年龄段的人都是这样讲故事的。但是，也有故事结构的一些方面是某一文化群体的人所特有的。例如，在故事中把评价信息置于解决信息之前在一些非洲裔（年幼）儿童中比在其他群体的儿童中更加普遍。成人则倾向于把这种评价材料分散在整个故事中或置于故事的开头，但非洲裔美国成年人会有很多"表现"手法，这也是评价的一种形式。他们倾向于使用评价材料为受话者提供打开故事重点的"钥匙"，而不是直截了当地把故事的重点强加给受话者。当然，这样的文化信息并不是绝对真实的：非洲裔美国人的文化像任何其他文化一样有许多不同的变体(有些非洲裔美国人不属于任何非洲文化变体，而是属于其他一种或几种文化变体)。其他群体也一样有相似之处。

这个故事的另一个对非洲裔美国人文化来说更特别的方面是各节中的语言组织方式存在大量的平行结构。我们仅举一个例子，请注意第三节中"an' then my puppy came"是怎样说出来的，然后又怎样给出了关于小狗的四件事。这种相似性在第四节中"an' my father came"是怎样说出来的，然后又怎样说出了相关人的四件事（都是说出来的）。这样的平行结构使受话者看到这个故事在一定程度上是关于充满活力的小动物和作为讲秩序守纪律的成人世界（家庭和父亲）的冲突的。讲故事者作为一个七岁的小孩儿，自己也陷入了渴望自由和不得不上学并最终要进入成人世界的冲突。

请注意，故事的评价部分清楚地表明小狗的主要问题是它想自由地去它不能去的地方，就像小孩儿想去她不准去的地方却必须去她不想去的地方。在第21行中，小女孩儿说"My puppy he always be following me"，并且在评价部分又重复了这句话。这个"光杆的 be"是非洲裔美国人英语方言中的一种形式，表示一种惯常的行为（经常发生的行为），在这里指小狗对跟着小女孩儿的渴望不是一次或一段时间的事情，而是一种经常性的、重复发生的事情，这是小狗的本性所致。这个问题必须解决。

　　小狗和成人世界的冲突在医院里得到了解决。医生（成人）给小狗打针，让小狗"睡着"了。因此，成人世界表明，在家庭和小狗之间发生冲突时，成人规范必须赢。小女孩儿是在消解她自己的真实冲突。她的冲突是，为什么她不能拥有她的小狗，更深一层来说，为什么她必须经过社会化进入成人世界的秩序、责任和纪律中（顺便说一句，虽然不清楚第一节中的钩子是什么，但它确实只是一个舞台道具——小女孩儿只是想说她父母要求她在家遵守纪律；她并没有指责任何人虐待她的意思）。实际上这是叙事的基本功能：叙事是我们深刻理解那些使我们困惑的问题的方法。

　　儿童比成年人具有更清晰、更简单的节结构，并且他们的节更容易区分。成人语言通常更复杂——思想单元可以更长，节更复杂。下面是一个课程顾问与参与历史项目的老师交谈的一段话，这段话我们在前面已经看过几次了（第 3.15 节我们还会看到这些语料）。

第一部分：CURRICULUM DEVELOPMENT（课程开发）

第一节：课程开发

1.There's a there's a big complicated process /

2.Of working through the materials /

3.Figuring out how to teach it //

4.Which is called curriculum development //

第二节：变复杂

5.And that's what we're involved in now /

6.And it's very murky /

7.And it's very complicated /

8.And we we don't know where we're going /

9.But that's an innate part of curriculum development /

10.Unfortunately /

11.Especially when you work with a group of people /

12.And you're not just doing it yourself //

第二部分：HELP（帮助）

第三节：为什么课程顾问在那里

13.Um so and that's where Sandy and I were hired /

14.As sort of the hired guns /

15.To come in and help facilitate it/

16.Because we know you don't have the time//

第四节：萨拉和阿瑞尔不同

17.Um and and um Sara and Ariel [two university professors] /

18.Didn't don't have the experience /

19.Of working in the classroom /

20.And they teach in a different structure /

21.Which is very different //

第五节：当帮凶

22.And so, so we're there the helping hands to give you /

23.To help you where you need /

24.And to act as sort of the interpreters /

25.And the shapers,

26.But in response to what is necessary //

第六节：为你而来

27.I mean not coming in to do something that we want to do //

28.We're trying to facilitate what you want to do //

注意，这里的节接近于某些书写形式的复杂句子（如，"It's an innate part of curriculum development, unfortunately, that it is very complicated and people do not always know where they are going, especially when they work with a group of people and not just by themselves"）。还要注意，节经常（但不总是）以某种迟疑或话语提示词开始，如"so"，并以一个终结性语调轮廓（"//"）结束。

寻找节时，首先寻找思想单元如何聚集成一个小话题、观点或"承担"事情。然后看看节是如何聚集在一起，作为更大的话语片段形成更大的意义单位的（如，故事背景）。注意，上面语料中的两节是定义课程开发，三节是解释为什么课程顾问在场的。你自己在做话语分析时，不要担心节的边界是否"完全正确"。你是通过把言语放入节中的方法来试图弄清楚你作为受话者或解释者在一个话语片段中看到了什么意义丛。

我们由此引入另一个语法话语工具。

在任何交际（足够长的交际）中，寻找节界线以及节是如何聚合成更大的信息块的。你不会总能很容易地找到节界线，但你这么做会对你解释语料以及展示你的解释有很大的帮助。

练习任务 16

下面的语料出自上面的课程顾问。请将这段话分节，划出你认为存在的任何高层级信息块。你会看到寻找节的好处之一是，这个过程迫使你对信息的组织方式进行思考。你可能会发现一些模糊之处，很难断定谁与谁聚合在一起，但这正是你在寻找意义的过程中想要发现的东西。有时，说话者清楚地了解信息块；有时，他们不太清楚或者忽略了某些信息。

1. So but we also don't want to put any pressure /

2. I mean there shouldn't be any pressure //

3. There should be something that's fun to do /

4. And what works works /

5. And what doesn't work goes by the wayside //

6. And um that's all it can be /

7. You know something small /

8. That accomplished by the end of the semester //

9. But if it goes into something that is exciting/

10. And has potential /

11. And should be continued next year /

12. And should be given to other teachers /

13. And should maybe affect other schools in Middleview /

14. Then that's where Sara's working towards something more long term//

15. Where this could be maybe funded by NEH /

16. And to pay teachers /

17. And to pay for release time /

18. And pay for materials /

19.And pay for resources to come in /

20.And make it work on a larger scale //

21.So this is like a little pilot project that is/

22.I agree /

23.It's very murky /

24.And it's very frustrating /

25.But I see that as sort of inevitable /

26.And we can make that work for us /

27.Instead of against us //

阅
读
书
目

Gee, J. P. (2011). *Sociolinguistics and Literacies: Ideology in Discourses.* Fourth Edition. London: Taylor & Francis.

Hymes, D. (1996). *Ethnography, linguistics, narrative inequality: Toward understanding of voice.* London: Taylor & Francis.

Labov, W. and Waletzky, J. (1967). Narrative analysis: Oral versions of personal experiences. In J. Helm, Ed., *Essays on the verbal and visual arts: Proceedings of the 1966 Annual Spring Meeting of the American Ethnological Society.* Seattle: University of Washington Press. pp. 12-44.

第三单元

构建世界事物

3.1 语境自反性—工具

在第一单元，我们看到了语境的重要性。在第二单元，我们看到了使用语法和词汇来设计和构建具有意义的语言结构。随后提出，我们以这些意义为线索或指导，引导人们（在语境的帮助下）构建心理图景。我们希望受话者在头脑中建立这种图景，因为我们想在世界上做事情，为此我们需要其他人以某种方式思考和行动。我们使用语言来建立和毁灭世界上的事物，如学科、教会、种族归属或婚姻等。在本单元，我们将谈论我们使用语言（以及非言语行为、事物和环境等）在世界上构建的事物种类。

但首先，我们必须再次讨论语境。到目前为止，我给你提供的是一个过于简单的语境观点。在第 1.2 节，我把"语境"定义为：

> 语境包括交流发生的物理环境和其中的一切，包括身体、眼神、手势和在场人的活动等，在交流过程中说过的话和做过的事，以及参与会话的人的共有知识，包括共有文化知识，即他们自己的共有文化以及可能与语境相关的其他文化等。

到目前为止，我们把语境看成只是"存在于"言语周围的东西。受话者参考说话者的话语内容和语境，把它们放在一起——叠加起来——从而给说话者的话语内容赋予意义。这种语境观是静态的。它忽略了说话者决定受话者如何看待语境的权力，也忽略了受话者识解与语境相关的东西以及应该如何看待语境的权力。

语言有一个相当神奇的特性：我们在说话时构建和设计我们的语言，以适应我们的交际语境。但与此同时，我们的说话方式——我们说什么以及如何说——又帮助我们创造这一语境。因此，我们好像是在使我们的语言适合于一种语境，反过来，我们的语言从一开始就在（一定程度上）帮助我们创造该语境。

这种关系有点儿像"鸡和蛋"的先后关系：哪个在先？是我们所处的语境（如大学委员会会议），还是我们使用的语言和交流方式（如我们委员会的谈话和交流方式，"现在开始投票"）？是因为我们这样说话做事才是一个"委员会会议"呢，还是因为这是委员会会议我们才这么说话做事？如果机构、委员会和委员会会议没有事先存在，用这种方式说话和做事就没有任何意义或者就不可能。但是，如果我们不以某种方式说话和行动，委员会就不再存在。

我们还可以用另一种方式来看待这件事：我们总是积极地通过口语和书面语创造或构建我们周围的活动（如，委员会会议）、身份（如，委员会主席、委员、调解者和阻挠者等）和机构（如，委员会）世界。然而，由于历史和文化的作用，我们往往或多或少地按照常规模式来创造或构建这种活动、身份和机构。除了语言和行动之外，这些常规模式也使得活动、身份和机构，如委员会会议、（各类）委员会成员和委员会等似乎此时此刻就存在。然而，活动、身份和机构必须被不断地、积极地重建。如果我们不一而再、再而三地重建，它们就不复存在。如果我们开始以不同的方式重建，它们就会改变。这就是所谓的改变和转变。

语境的这一特性，即它既事先存在（并且给我们所做的事情赋予意义），又需要我们通过说话和行动重新构建——被称为语境"自反性"。言语反映语境；语境反映（决定于）言语（话语内容）。如果我站在讲台上以教授的身份开始讲课，那么我的语言和行为创造了一个课堂语境。另一方面，如果课堂和教室不是作为一个制度语境在世界上存在，那么我就不能这样说话和行动。

基于语境的自反性，我们引入一个新的话语分析工具：语境自反性—工具。这一工具可以描述如下：

> 你在使用填充—工具、做而不只是说—工具、框架问题—工具和为什么以此方式而非彼方式—工具以及所有其他需要你考虑语境（而不只是你说的话）的工具时，总是询问自己以下问题：
>
> 1. 说话者所说的话和说话方式是如何帮助创造或形成（甚至可能操纵）受话者把什么当作相关语境的？
>
> 2. 说话者所说的话和说话方式是如何帮助再现语境（如，大学课堂）的，即如何帮助语境在时间和空间上继续存在的？
>
> 3. 说话者再现语境时知不知道如果他或她有意识地思考语境的某些方面，他或她就不会想再现这些语境？
>
> 4. 说话者所说的话和说话方式是不是仅仅在或多或少地复制（重复）语境，或在某些方面转换或改变语境？一个语境中没有任何一个言语行为与另一个言语行为完全相等（如，每个讲座在某种程度上都是不同的），但有时候差异很小且不重要，有时候差异很大且很重要。

工具 13
工具　语境自反性—工具

阅读书目

Duranti, A., Ed., (2009). *Linguistic anthropology: A reader*. Malden, MA: Blackwell.

Duranti, A. and Goodwin, Eds., (1992). *Rethinking context: Language as an interactive phenomenon*. Cambridge: Cambridge University Press.

Kramsch, C. (1993). *Context and culture in language teaching*. New York: Oxford University Press. [对语言或语言教学感兴趣者的必读书。]

3.2 应用语境自反性—工具

在这一节，我们将应用语境自反性—工具分析一些语料。

练习任务 17

下面的语料是一位女大学生在课堂上做的一项活动。课堂上，同学们被要求阅读一个故事，并把故事中人物的道德表现从最差到最好的顺序排序。

故事中，格雷戈里是阿比盖尔的男朋友。阿比盖尔为了去见格雷戈里而做了错事。但格雷戈里知道这件事以后，便抛弃了她。在下面第一个交际中，这位年轻姑娘在餐桌上给她父母解释她为什么认为格雷戈里是最坏的。在第二个交际中，她在她卧室里给她男朋友讲同一件事。当然这两段话都只是她讲的一部分内容。

在餐桌上对父母说：

Well, when I thought about it, I don't know, it seemed to me that Gregory should be the most offensive. He showed no understanding for Abigail, when she told him what she was forced to do. He was callous. He was hypocritical, in the sense that he professed to love her, then acted like that.

夜里对男朋友说：

What an ass that guy was, you know, her boyfriend. I should hope, if I ever did that to see you, you would shoot the guy. He uses her and he says he loves her. Roger never lies, you know what I mean?

问题：

1. 这个年轻姑娘的说话方式——她说的话语内容和她组织词语的方式——是如何帮助创造或形成受话者看待语境的方式的？

2. 与父母一起吃晚饭的语境和与男朋友在卧室里的语境是如何决定她的说话方式的？

3. 在这位年轻姑娘使用语言创造语境的方式和语境事先存在

的某些方面（如，晚餐、父母、男朋友、卧室等）塑造她说话的方式中，你认为哪个更重要？所有年轻人在晚饭时都是这么跟父母说话的吗？你认为她是在积极地创造或塑造她说话的语境，还是更多地在反映她想象的语境？

4. 哪个版本为受话者留下的解释空间更大（需要填充更多信息）？为什么这位年轻姑娘在一个版本中比在另一个版本中为受话者留下的解释空间更大？这与创建或想象某种类型的语境有什么关系？

5. 哪种语言听起来更像我们期待的学校语言风格？为什么说话者在一种情况下按"学校喜欢"的风格讲话而在另一种情况下不是这样？这与创建或想象某种类型的语境有什么关系？

──── **练习任务 18** ────

美国某研究生院的一位外国博士生，读了几年书后，失去了她的博士导师。她需要另选一位导师。她正在和一位教授谈话，希望他能给她当导师，但那位教授不太愿意带她。面对这种情况，她说："帮助我是你的工作，我需要学习。"

问题：

1. 从这个学生所说的话和说话方式可以看出这个学生想创造——或者至少想假设——什么语境？

2. 你认为这样说话能成功说服这位教授吗？你认为教授如何看待这一语境？

3. 如果你说"帮助我是你的工作，我需要帮助"，受话者可能是谁？护士还是会计？牧师还是商业主管呢？你对这些问题的回答告诉你，这个学生是如何看待语境的，或者她正在创建什么语境？

4. 你认为这个学生是在积极地操纵语境吗？也就是说，她是在积极地创造受话者看待语境并对她做出回应的方式吗？还是她不懂大学里博士生和教授构成的语境呢？

5. 这个教授听了她的话更不愿意带她了。你认为为什么会这样？所有或大多数大学教授都会这样吗？不同专业领域的教授会做出不同的决定吗？

6.这个学生试图让教授克服自己的不情愿，答应带她。她说："帮助我是你的工作，我需要学习。"请你换一种说话方式来实现她的目标。你组织说话的方式假定或试图创造什么语境？你在组织话语时是否假定语境是以某种特定方式存在的，并且你在努力适应语境？还是你在用话语创造语境？还是两者的混合？如果是，是怎么混合的？

7.这个学生已经学习 ESL（英语作为第二语言）专业几年。她说的话是符合语法的。事实上，她的英语语法很好。她的 ESL课程还有什么可以教她的吗？为什么？

3.3 构建任务和构建—工具

在第二单元，我们提出使用语法和词汇来设计和构建结构及其意义，目的是用语言来做事情。其中的一件事情是思考。某些类型的思考很像是人在默默地跟自己说话，其实就是用人类共有的图景和心理语言思考，不管他说什么语言。

我们用语言做的另一件事情是在世界上执行行动。这些行动可以是构建或摧毁世界上的事物，比如制度和婚姻等。我们通常不是只执行一个单独的行动，然后丢下不管。相反，我们有计划和目标，在相关背景下长期参与一系列相关行动。这些长期的行动链通常是为了在世界上构建或者维持一些东西（比如制度或婚姻）。在本单元，我们将谈论我们使用语言在世界上构建的事物。

我们使用语言配合其他行动、交流、非语言符号系统、物体、工具、技术，以及独特的思维、评价、感觉和信仰等方式，不断地、积极地构建和重建我们的世界。有时我们构建的世界与我们以前曾经构建的世界有很多相似之处（如，维持良好的婚姻），有时则没有相似之处（如，开始新职业生涯）。

因此，使用中的语言是一种工具，不仅用于说话和做事，而且与其他非言语工具一起使用，构建世界上的事物。我们说话或写作时，总是同时构建七个事物或七个"现实"领域。我们经常通过同样的话语和行动同时构建一个以上的领域。我们称这七个事物是语言使用中的"七个构建任务"。反过来，由于我们使用语言来构建这七个事物，话语分析者可以对任何使用中的语言提出七个不同的问题。这为我们提供了七个新的话语分析工具。

下面，我列出这七个构建任务。在接下来的几节里我们将依次讨论每个任务，并为每个任务开发一个相关的话语分析工具。

任务一：显著性

我们以某些方式使用语言可以强调事件的显著性（赋予意义或价值）。我们构建显著性，其实就是"小题大做"。事情本身无所谓重要不重要。我们人类让它重要或不重要，或者介于中间。我说"Guess what? My daughter got a PROMOTION at the agency"就比我说"My daughter was finally promoted at the agency"使这一事件显得更重要、更值得关注。

任务二：活动

我前面说过，语言不仅用于说事情，而且用于做事情，甚至告知也是一种行动。因此，我们使用语言来执行行动，如承诺、鼓励等。

这就是所谓的做而不只是说—工具。然而，我们人类还促成以某种特定方式使用的"活动"。我所说的"活动"是一种社会公认的受到制度和文化支持的一种努力，通常涉及按某种特定的方式排列或组合行动。鼓励学生是行动，指导学生是活动。告诉某人一些语言学知识是行动（告知），做语言学报告是活动。通常"实践"一词用于我所说的活动。

　　我们使用语言来确认参与某种活动。一个失去导师一段时间的研究生问一位教授"你可以当我的导师吗？"这是在提出请求（我们用语言执行的一项行动）。但她也从事一项在研究生院寻找新导师的活动。因此，她不仅仅是在请求，而且还有更多的话要说、更多的事情要做。例如，这个学生必须能够以既不傲慢或夸张又能给导师留下深刻印象的方式谈论她的专业背景、知识技能、她的成就等。

任务三：身份

　　我们使用语言来确立某种身份或角色，即此时此地构建身份。例如，我以一种方式说话做事，是在行使委员会"主席"之职；之后我以另一种方式说话、谈论，则是在和朋友／同事交谈。即使作为委员会主席参加正式会议，我的行为举止也不总是像个主席，甚至开会时也是如此。

　　医生对病人和对熟人或朋友的说话和做事方式是不同的，即使是在办公室里。事实上，传统的专制型医生和新型的以人为本的医生也是不同的，他们以不同的方式对病人说话和做事。以人为本的医生对病人说话不会带那么多技术性术语，而且说得比较详细。同一位医生也可以在为病人治疗的不同时间或不同活动中在两个身份之间切换。

任务四：关系

我们使用语言来构建和维持各种不同的关系。我们用语言与其他人或与其他组织和机构建立关系。例如，在一次委员会会议上，作为委员会主席，我说"史密斯教授，非常抱歉，我们要进入下一个议程了"，说明我是在与史密斯教授建立一种比较正式和恭敬的关系。但如果我这么说，"埃德，继续开会了"，我是在与同一个人建立一种不太正式也不太恭敬的关系。

任务五：政治（社会产品的分配）

我在本书中要以一种特殊的方式使用"政治"一词。我所说的"政治"不是指政府和政党，而是任何关于社会产品的分配情况。"社会产品"是指一个社会组织或团体共同认为有价值的任何东西。

我们使用语言来构建和摧毁社会产品。例如，对大多数人来说，尊重他们是一种社会产品，而不尊重他们则不是一种社会产品。以尊敬和尊重的态度说话和做事就是创造和分配社会产品。

然而，也有一些情况，人们想受到不尊重的对待，以表明关系密切。以关系密切的方式对一个希望和我建立友谊的人说话或做事就是在创造和分配社会产品。

那么我为什么把这称为"政治"呢？这是因为社会产品的分配和索取——比如被认为是一个可接受的、正常的、重要的、受尊重的、"局内人"或"局外人"，或者一个（在正确的环境中）与可接受的、正常的或重要的事情相联系的人——最终就是在社会上给或不给人们权力和地位的产品。

在不同的情况下，人们对社会产品的看法显然也是不同的。他们有时还会为社会产品的分配而斗争，要求他们应得的份额。

我举一个例子来说明我们组织句子的方式对构建或摧毁社会产品

的影响。如果我说"Microsoft loaded its new operating system with bugs"，我认为微软是故意的，应该负责任，甚至应该受到法律的惩罚。我是在从作为一个机构的微软公司那里收回一种社会产品，即尊敬和良好声誉。

但如果我说，"Microsoft's new operating system is loaded with bugs"，这表示我认为微软不是故意的，责任较小，罪责较轻。我仍然是收回一种社会产品，但不像以前那么严重。现在的意思好像是虽然他们不是故意的，但仍然推出了一款劣质产品。

如果我说，"Like any highly innovative piece of new software, Microsoft's new operating system is loaded with bugs"，我就进一步减弱了我对社会产品的预扣，而且甚至还给了微软公司一些社会产品，即认为他们是在创新，而毋需对漏洞负责。我的措辞对诸如过错和责备，法律责任或缺乏法律责任，微软的坏动机或好动机，以及微软的声誉等社会产品都有影响。

任务六：连接

世界上的事物可以被看作是以许多不同的方式彼此连接和相关（或不相关）的。例如，如果我说"Malaria kills many people in poor countries"，我把疟疾和贫困连接起来。如果我说"Malaria kills many people across the globe"，贫困和疟疾就没有连接（虽然确实死于疟疾的穷人比富人多）。世界上有一些连接不是我们说什么和做什么能决定的（比如疟疾和贫穷）。尽管如此，我们仍然可以让这些连接在我们的语言中可见或不可见。

有些连接的存在并不明显，需要我们努力——部分是通过语言——才能实现。例如，美国许多政治家和媒体评论家曾经经常把"社会主义"和"政府公共医疗"连接起来，这使得很多美国人认为这两者有本质的联系。然而，也有一些美国人认为医疗保险和社会主义没有必然的联系，尽管养老保险是一项政府公共医疗计划。现在医疗保险已经实施很长时间了，很多人都在使用它，过去的辩论也被淡忘了。

任务七：符号系统和知识

我们使用语言建立或拆除各种符号系统（交际系统）和认识世界的不同方式。语言有许多种（如，西班牙语、俄语、英语），每种语言都有许多变体（如，律师语言、生物学家语言、街舞艺人语言等）。有些交际系统不是语言（如，公式、图表和图像等）或至少不仅仅是语言（如，街舞、诗歌、视频游戏、图片和文字广告等）。这些都是不同的符号系统。

所有这些不同的符号系统对于参与它们的人来说都是很重要的。人们往往与他们的方言有着密切而深入的联系。律师致力于像律师一样说话，街舞艺人则像他们的话语一样充满热情。在美国，甚至在什么场合什么时间可以说西班牙语也曾经发生过激烈的争论。物理学家认为数学语言优于其他语言，如日常交际英语。

此外，不同的符号系统代表不同的知识和信仰。我们说过，物理学家认为数学语言在创造和传播物理知识方面优于英语；诗人认为诗歌是认识世界和洞察世界的更高级手段；使用不同宗教语言的人认为宗教语言是认识世界和洞察世界的更高级手段。非洲裔美国人认为他们的方言比标准英语更能表达和感受一些东西。而西班牙语和英语双语者也是一样，他们对不同的话题或情感偏爱不同的语言。统计学家认为统计学是理解现实的一种深刻方式，而一些定性研究者不会这么认为，至少他们会认为统计学语言在我们对社会的理解中已经延伸得太远了。

　　我们可以用语言来使某种符号系统与某种知识和信仰形式在特定情景中建立相关或不相关、形成优势或劣势，即为一种符号系统或知识建立起凌驾于另一种符号系统或知识之上的优势和威望。比如，在教育委员会讨论扩招少数民族学生时，我说话做事的方式使律师的知识和语言比"日常语言"或"非律师的学术语言"更相关（更有优势）。

　　我说话和做事的方式可以使西班牙语看起来比较低级或高级。我说话和做事的方式可以使"控制学习"（如，课堂控制学习）语言成为"真证据"或"真科学"。我说话和做事的方式可以使语言创造论成为"科学"，与语言进化论形成对抗。

　　符号系统知识建构任务与政治任务有明显的联系，因为强调某一种符号系统或认识世界方式的目的是创造和给予社会产品。但符号系统（包括世界的语言）和认识世界的方式是特别重要的领域。人们把为构建或摧毁占星术或创造论（"设计科学"）而付出的努力看成"可以接受的""真实的"说话和做事方式。

3.4　显著性构建—工具

　　我们用语言构建的一件事情是显著性。我们使用语言以某些方式使事情具有显著性，或以某些方式淡化它们的显著性。事情并不总是微不足道或具有显著性的。我们人类使事情变得微不足道，或具有显著性，或处于中间阶段。由此，我们提出七个构建工具中的第一个。

工具 14　显著性构建—工具　　对于任何交际，询问词汇和语法手段是如何为某种事情而不是其他事情建立或减少显著性（重要性、相关性）的。

重要的是要认识到任何语言的使用往往同时执行多个构建任务。此外，任何构建任务涉及一个以上的词汇或语法选择。

虽然有许多语法手段可以被用于建立或减少显著性，但有一个语法手段对建立显著性至关重要。我们选择放在主句中的是前景信息；我们选择放在从属句中的是背景信息。前景信息被认为是此时此地关注的信心焦点，并因此被视为最重要的信息。

在"While I know I did wrong, I am basically a good person"一句中，"I am basically a good person"是主句，它也是一个判断句（而不是其他类型的句子，比如疑问句）。这是被断言的信息，即说话者断言或声言的信息。"While I know I did wrong"是一个从属句，因此不是断言的，而只是被设想的背景信息。如果受话者想合作（他们并不总是这样），他们就应该对断言信息做出回应（即同意或不同意），而不是对背景信息做出回应。背景信息是他们假设的信息或想当然的信息。

"While I am basically a good person, I know I did wrong"这样一句话颠倒了前景和背景信息。现在"I know I did wrong"是前景和断言信息，"I am basically a good person"是背景和假设的想当然信息。

在"Since I haven't heard yet, what was the outcome of the meeting?"中，小句"what was the outcome of the meeting?"是前景化信息，并实现了主要的言语行为（提出问题）。"Since I haven't heard yet"是背景信息。合作的受话者在回答这个问题时不会说"What do you mean you haven't heard yet?"或"Why haven't you heard?"

在第2.5节，我们讨论了保罗·加尼翁（Paul Gagnon, *Democracy's Untold Story:What World History Textbooks Negelct*, Washington, D.C.: American Federation of Teachers, 1987, pp. 65–71）的一段话。我在这里重新分析这段话，以证明前景化和背景化是显著性构建任务的方法。我把这段话复制如下：

Also secure, by 1689, was the principle of representative government, as tested against the two criteria for valid constitutions proposed in the previous chapter. As to the first criterion, there was a genuine balance of power in English society, expressing itself in the Whig and Tory parties. As narrowly confined to the privileged classes as these were, they nonetheless represented different factions and tendencies. Elections meant real choice among separate, contending parties and personalities.

下面我通过改变作为前景信息的主句和作为背景信息的从句，来重写加尼翁文本的一部分：

Though they represented somewhat different factions and tendencies, the Whig and Tory parties were narrowly confined to the privileged classes. Elections meant real choice among separate, contending parties and personalities.

加尼翁把 "they [the Whig and Tory parties] nonetheless represented different factions and tendencies" 作为主句，使其前景化并做出断言，把"他们只局限于特权阶级"这一信息背景化。我修改的版本刚好相反。我把辉格党和托利党只局限于特权阶级作为主句，并因而对其做出断言，而把 "they represented different factions" 作为从句，并因此将其背景化，作为假设信息。

请注意，我修改的版本使加尼翁的最后一句（ "Elections meant real choice among separate, contending parties and personalities" ）听起来很奇怪，因为称这两个党派只局限于同一个阶级减弱了选举时在他们之间进行选择是真正选择（ "real choice" ）的任何断言。

当然，我们仅仅通过使用主句来断言一件事情或提出一个问题是没有实际意义的。我们只是把主句当成了我们参与的主要言语行为和我们目前关注的主要信息。这的确是一种显著性。我可以给我的断言和问题添加一些其他的东西，以使我的断言或问题有更多或更少的显著性。如：

1.It is important that the Whig and Tory parties represented different factions.

2.The Whig and Tory parties did indeed represent different factions.

3.The Whig and Tory parties crucially represented different factions.

4.The Whig and Tory parties barely represented different factions.

例句（1）到例句（3）增加了辉格党和托利党代表不同派别这一信息的显著性。例（4）淡化或减弱了这一显著性。当然，减少其显著性的方法之一是把它从主句中删除，变成从句。

我甚至可以增加从句信息的显著性，如"While it is, indeed, important that the Whig and Tory parties were narrowly confined to the privileged classes, nonetheless they represented different factions"。虽然我在这里增加了从句信息的显著性，但从句仍然没有被断言，而是假定的背景信息。

有时人们会对看起来很微不足道的信息做出断言或提出问题。例如，一个邻居遇见你可能会说，"今天天气很好"或者"天气很好，对吗？"评论天气似乎微不足道，所以受话者可以进行这样的推理：我的邻居断言（质疑）微不足道的、理所当然的事情，使其成为前景化的重要信息。既然该信息实际上并不重要，邻居一定有其他的意思，并认为其他东西是重要的。他努力做的是作为邻居对我表示热情：要么是友好，要么是要维持邻里关系。这只是客套话，主要目的是保持和平，也就是说，保持一个开放的社交渠道。

事实是邻居断言（或质疑）了一些微不足道的东西。我们通常不这样做。这样做会让我们思索其中的真实目的。当然，对我们大多数人来说，这种"天气谈话"或"小寒暄"被认为是理所当然的，而且几乎是自动运行的。

3.5 使用显著性构建—工具

在正常情况下，我们会选择在主句和从句中放入多少显著性，但我们也总会考虑使用大量的语法手段来建立或减少主句或从句中的显著性。下面我给出一些语料供你思考和使用显著性构建—工具。

── 练习任务 19 ──

下面的对话来自工程专业的大学生团队召开的一次会议。他们在参加一个由全国五所大学参与的模型赛车制造和设计项目，需要与其他多所学校车队进行赛车比赛。其中两个学校在同一个州。下面转写的对话来自这两所学校的学生组织的一次会议。亚历克斯是一所著名大学著名工程专业的学生。凯瑟琳则来自一所不太著名大学的不太著名的工程专业。

以下语料来自罗切斯特大学的凯文·奥康纳（Kevin O'Connor）的研究（尚未出版）。摘录中的标记符号解释如下：

"："表示声音延长

"/"指非终结语调

"？"指终结升调

"//"指终结降调

"（.）"表示暂停

"（inaud）"指磁带上听不清的地方。

括号指两个说话人同时说出括号中标记的两项内容。

亚历克斯：　And just to: sort of update the (inaud) right here uh /

I had a question on what the objective is/

Of this uh sort of uh sort of fi– five school team?

Was it to actually produce a working model /

Or was it to design somethin?

Because if it is to design somethin /

Then uh we have to dedicate more time towards (.) uh designing //

Rather than uh (.) building //

Wuh– wuh– what (inaud–)

凯丝：　It's to produce the car //

亚历克斯：　It's actually to produce a car?

凯丝：　Yes.

问题：

1. 亚历克斯用什么来证明设计很重要而且表明他认为设计是一种比制造更重要、更有意义的活动？

2. 亚历克斯是用什么来减弱五校联盟的意义的？

3. 凯瑟琳是如何表示生产汽车很重要的？你认为她的直率和简练在这方面发挥了作用吗？

4. 事实证明，来自亚历克斯（著名的）工程专业的学生（该专业的很多学生来自知识分子家庭）都认为在工程方面，设计比制造更重要。亚历克斯的专业主要负责这个项目的设计。另一方面，来自凯瑟琳（不太著名的）工程专业的学生（该专业的许多学生来自工人阶级家庭）都认为制造和设计一样重要（甚至比设计更重要）。在这个项目中，凯瑟琳的专业主要负责按照设计制造产品。这种对比令你惊讶吗？如果不，为什么？这种对比如何影响亚历克斯和凯瑟琳对显著性的看法？

5. 你认为为什么亚历克斯在快结束他的话轮时在"设计"和"制造"前都使用了犹豫（"uh"）和暂停（"（.）"）？

─────── **练习任务 20** ───────

下面一段话摘自一个系主任给大学任期委员会的信。委员会的几个成员投票反对他所在系一个员工的职位，因为他们质疑他的学术道德：

I wish to convey deep concern over the validity of the committee's actions. I don't believe that it is up to your committee to assess the ethics of someone's research. This university has in place rigorous procedures for assessing this issue.

1. 作者在每个句子中是如何构建显著性的？他认为什么是有显著性的？你的回答应该包括词汇选择和表达选择两个部分。

2. 该系主任显然并不打算减弱他的反对声音。也许如此坦率可能会冒犯委员会的一些成员。大多数委员都投票赞同对该员工学术道德的质疑，只有少数委员投了否决票。但是，假如多数人投的是否决票，而该系主任的信又要求委员会重新考虑他们的投票，那么这种直率可能就不会发挥作用。你能否重写这段话，以利于委员会重新考虑他们的投票？与原版本相比，你的版本在显著性构建方面是如何发挥作用的？

3.6　活动构建—工具

我们在前面的章节中看到，我们用语言构建的事情之一是行动。我们用语言做事情，如承诺和鼓励。但行动远不止于此。我们还使用语言来构建我所谓的"活动"。我在特别有限的意义上使用这个词。活动只是看待行动的另一种方式。当我称某事为行动时，我是在专注于做和做什么。当我称某事为活动时，我是在专注于一个行动或一系列行动是如何执行一项社会公认的、受制度或文化规范的努力。"练习"

一词通常用于我所说的活动。

　　我举几个例子来区分行动和活动。如果我说某人在"玩视频游戏"，我是在命名一次行动。如果我说他们在"游戏"，我是在命名一种活动或实践，命名参与各种行动的方式，以方便社会识别某些人为"游戏玩家"。

　　如果我说母亲"在给她的孩子朗读"，我是在命名一次行动。然而，一些父母有给他们的孩子阅读和交流的套路，为他们将来上学并取得优势（赢在起跑线上）而做准备。他们带着很多表情阅读，问孩子问题，鼓励孩子评论文本，回应孩子的评论，问孩子某个词"说"了什么，某个图片是什么意思等类似的事情。这个阅读活动或实践没有固定的名称，有些人只是称之为"读书"或"亲子阅读"。许多父母认为这项活动是为孩子入学做准备的一个套路。

　　然而，并不是所有的父母都以这种方式给他们的孩子阅读。有些父母只是阅读，要求孩子静静地坐着，不准说话。这种活动或实践不能为孩子入学做好准备或让孩子赢在起跑线上。

　　这两种不同的阅读方式都是有阶级和文化基础的。工人阶级父母和专制型父母往往采取后一种方式。父母阅读时，孩子只是静静地听。另一种更具互动性的方式则更多地出现在中产阶级父母和不太专制的父母当中。许多幼儿园教师也在学校采用这种互动形式；许多学校也支持这种方式，认为这是为孩子学习阅读做准备。

　　如果我说"约翰在公园打棒球"，我是在命名一次行动；如果我说"约翰为洋基队打棒球"，我是在命名一项活动，即专业运动。如果我说"玛丽正在她的电脑上写作"，我是在命名一次行动；如果我说"玛丽正在为校报撰写小说评论"，我是在命名一项活动或实践。如果我说"史密斯教授正在与学生交谈"，我是在命名一次行动；如果我说"史密斯教授给学生上课"，我是在命名一项活动或实践。

行动和活动之间的区别并不严格。这种区别实际上在于我们是集中在此时此地正在做的事情（行动），还是做的意义、社会价值，以及社会、制度或文化规范（活动）。当我们把某事看作行动时，我们关注的是正在做什么；当我们把某事看作活动或实践时，我们关注的是它的社会、制度和文化意义。活动通常涉及由特定制度、文化或某一社会认可的群体（如，视频"游戏玩家"，即玩"游戏"的人）规范的一系列行动，和把这些行动排列或组合起来的方式。

当然，所有行动都是有社会和文化规范的，因为社会群体和文化对于如何行动应该有规范和标准。但活动（实践）是更大的社会文化事业，当我们把注意力集中在活动上时，我们也特别关注制度、社会和文化支持系统与价值。

由此，我们引入第二个构建工具。

工具 15
工具 活动构建—工具

对于任何交际，询问此交际在构建哪个或哪些活动（实践）。这一交际在让别人认识到完成了哪个或哪些活动（实践）？也询问什么社会群体、机构或文化支持和规范某一正在构建或促成的活动。[第2.1节中做而不只是说—工具处理的是行动；而活动构建—工具处理的是活动／实践。]

注意，像（视频）游戏或（中产阶级互动式的）"读书"等活动必须在每次有人想要完成时重新构建、执行或重新生成。同时，当它们被构建、执行或生成时，它们或多或少地以类似于以前的方式由我们自己和其他人完成，否则人们就不会知道（认识到）正在做什么。然而，对于任何被构建、执行或生成的活动（实践），总是值得询问一个特定的行为与这种活动的"正常"执行有多大的相似度。如果存在显著差异，那么当前的行为可能是社会生活中的一个中断点或创新源。

现在我们看一些语料。这些语料和第 1.3 节讨论的卡伦的语料来自同一次会议。正如我们之前所说，参加会议的人员包括一位伍德森大学的历史学家、几个中学教师和他们的学生、一名中学管理员。该项目的目标是帮助中学教师让他们的学生参与历史研究，特别是研究本地社区的地方历史。

按照这种会议的惯例，会议主持人——教育研究中心的代表——要求参会人员轮流做自我介绍。在正式会议上向团队做自我介绍是一项活动或实践。

话语分析的部分工作是分析活动的结构或模式。我们还需要不断询问一项活动是多么常规化或程式化。一些活动每次执行的方式十分相似，变化非常小，因此是高度常规化的；其他的活动则允许较多的变化（但仍然被认为是"相同的"或相似的活动）。

正式会议上自我介绍的执行是特别程式化或常规化的。虽然任何活动都必须与以前执行过的同类活动（否则人们就不知道发生了什么）有些相似，但并不是所有活动都像这次会议上的正式介绍那样程式化和常规化。比如，人们在这样的会议上如何做报告这种活动就可以有较多的变化，当然，做报告也有做报告的规范。

我们还想问，无论一项活动是多么常规化或多么非常规化，人们在尊重他们所从事的主要活动之外，还能执行其他什么类型的交流和行动（社会工作）？例如，当我们分析下面的语料时，我们将看到即使人们十分忠实密切地遵循自我介绍的模式，他们仍然设法参与交流并执行他们自己的事情。即使他们受到相当程式化的自我介绍模式的严格约束，他们仍然设法以自己的方式创造性地交流和行动。

活动构建—工具告诉我们，人们如何在构建（通常在一起构建）

不同的活动时执行不同的行动。其中一些行动是构建活动的组成部分。其他的行动是人们在活动内部执行的，目的是实现他们自己的目标和日程。我们将会看到，这些行动往往是在执行我们七项构建任务中的其他任务。

甚至在我们下面将要研究的自我介绍中，虽然要求遵循一定的范式，但不同的人在不同的背景下仍然有一些变化。尽管如此，参加这次会议的每个人（总共 14 人）自我介绍的模式是相同的。每个人首先说出自己的名字。接下来，他们介绍自己所担任的角色与他们为什么被邀请参加此会议。接下来，他们给出了参加会议的理由。最后有一个结束段，自我介绍到此结束。这正是我们在分析人们构建或建造活动时所寻求的模式或结构。当然，正如我们所说，这种模式或结构并不总是那么简单而有规律。

下面我转写参加会议的两位本科生梅丽莎和桑迪的自我介绍。两人都是大学历史教授（萨拉·沃格尔）的学生。正因为他们是萨拉的学生，伍德森大学研究中心的代表（阿瑞尔·但丁）才招募二人来帮忙。梅丽莎是一位白人学生，桑迪是一位非洲裔美国学生。

梅丽莎和桑迪都为两位项目负责人阿瑞尔和萨拉服务，但萨拉才是真正的项目负责人，因为这个项目是她的想法，而且是她要求研究中心给予帮助的。现在，你需要了解一个十分关键的语境片段。

历史教授萨拉在教一门黑人历史课程。课程主要内容是当地（米德维尔市）的黑人历史，而我们正在讨论的项目是专门研究当地历史的，所以萨拉班上的学生有机会参与该项目。梅丽莎和桑迪都选修了该课程。校园里的大多数非裔美国学生都选择抵制这门课程，因为萨拉是白人。非裔美国人学生桑迪则选择不抵制该课程。她不仅选修了该课程，还参加了该项目。

下面是相关语料。

梅丽莎的介绍：

名称：1.My name is Melissa Smith //

角色：2.I'm a student at Woodson University //

理由：3.And I'm working directly with Ariel /

And the Literacy Center on this project //

4. And I'm also working with Sara /

In a seminar around something about history /

In Black Middleview //

尾声： So that's about it for me

桑迪的介绍：

名称：1.My name is Sandy Wilson //

角色：2.I'm a Woodson student also //

理由：3.I'm working directly with Ariel Dante and Prof. Vogel on

the same things that Melissa——[停顿，然后继续]

4.We're in the same class as I am, this project also //

尾声：5.That's about it for me I think //

很明显，这种介绍方式作为一种活动是相当受限的。它们遵循一个相当严格的模式，而且说话者不会长篇大论（虽然我们都见过喜欢长篇大论的人）。尽管形式程式化，但说话者仍然可以做一项重要的社会工作。

梅丽莎把她自我介绍中的理由分为两部分。在第一部分，她说她在该项目中"working directly with Ariel"（研究所代表）。在她理由的第二部分，她说"and I'm also working with Sara /in a seminar around something about history in Black Middleview //"。

尽管萨拉是项目的真正负责人，但梅丽莎只是说明她是通过萨拉的（有争议的）课程与萨拉建立关系的，而不是项目本身。她本来也可以说她在项目中直接服务于阿瑞尔和萨拉（毕竟，是阿瑞尔促成萨拉与当地学校和教师合作的）。

当梅丽莎说 "in a seminar around something about history / in Black Middleview" 时，这既疏远了萨拉又有点儿不太礼貌。一个学生说教授的课程是关于 "something about history"，并且当课程完全是关于黑人历史且重点是米德维尔历史时，几乎作为事后想法（在一个单独的语调单元中），又说 "in Black Middleview"，这样是极具侮辱性的。听起来好像梅丽莎并不真正知道这门课是什么，或者更糟的是，好像是萨拉没有讲清楚。然而，该课程的内容在校园里引起了很多争议——而且人们非常清楚课程内容——梅丽莎很清楚这一点。

也许正是由于这个争议，梅丽莎才使自己与萨拉和她的课程保持距离，并使自己与阿瑞尔建立了更直接的联系。这是一个说明人们可以同时从事多个构建任务的很好的例子。在构建她的介绍（活动）时，梅丽莎也在建立连接和断开连接。在这里，她是与项目负责人（阿瑞尔和萨拉）以及项目和课程建立和断开连接。她当然也建立和减弱了她在项目中与阿瑞尔和萨拉的社会关系。

梅丽莎的介绍把桑迪置于很尴尬的地位。桑迪忠于萨拉，在这场争论中站在萨拉一边。她是非裔美国人，而梅丽莎是白人。因为非洲裔美国人抵制这门课程，她更直接地参与了这场争论。但她一直忠于萨拉。然而，在正式介绍中，发言者不允许明确诋毁前面发言者的话或者当面对质。当然，发言者可以这么做，但这样会让人感觉太咄咄逼人，违反了这种自我介绍的范式。

更糟的是，在这样的介绍中，随后的发言者遵循甚至模仿前一个发言者的范式是很常见的，就像桑迪所做的那样，特别是梅丽莎和桑迪在这个项目中的位置以及与阿瑞尔和萨拉的关系几乎是完全相同的。

桑迪说"I'm working directly with Ariel Dante and Prof. Vogel on the same things that Melissa"。她模仿梅丽莎的直接（"directly"），但把自己直接与阿瑞尔和萨拉联系起来。此外，她使用阿瑞尔和萨拉的全名，把她们放在比自己地位高的位置（她们年长且是项目负责人）。梅丽莎却没有这么做。因此，她的连接和关系构建与梅丽莎是不同的。

然而，当桑迪说"on the same things that Melissa..."时，她停顿下来，没有说完。从正式职责上来看，她在项目中与阿瑞尔和萨拉的关系和梅丽莎一样，但她不只是忠于阿瑞尔，她也忠于萨拉。她和梅丽莎在这方面不一样。桑迪不想和梅丽莎一样断开与萨拉的连接。

同时，她也不想直接反驳并纠正梅丽莎。所以她说"我们在同一个班，也都参加了这个项目"。她对梅丽莎给她（桑迪）设置的自我介绍轮次很困惑，因此她说错了。但她显然想把班级和项目连接起来，说她和梅丽莎实际上都参加了课程和项目，并且她们事实上是相互联系的。但是，当着那么多陌生人的面把这些明确说出来会让同学很没面子。

梅丽莎遵循这种活动或实践严格要求的范式设计了她的自我介绍，同时也仍然执行了社会工作。这里的社会工作是与阿瑞尔建立连接，与桑迪断开连接，以及在非常不同的方向上建立她与她们的社会关系。在这一过程中，梅丽莎让桑迪的介绍更加困难，因为桑迪试图遵循梅丽莎的介绍模式。这需要桑迪以类似的方式做梅丽莎所做的事情，但不能复制梅丽莎拉开与萨拉的距离，甚至冒犯萨拉的言语。与此同时，她又不能明确回应梅丽莎，与她产生冲突。在某种意义上，她的"言语错误"实际上催化了这种情况的发生。

我们使用这些语料来展示梅丽莎如何构建（促成）一项活动，即在会议上做一个正式的自我介绍。这里的构建要求相当狭窄和严格，必须遵循一种固定的范式：姓名、角色、理由和尾声，所有这些都限制在一个很小的范围内。尽管如此，梅丽莎在交流中实现了她建立连接、断开连接和建立社会关系的愿望。与此同时，她将桑迪置于一个尴尬的境地：桑迪必须遵循甚至模仿她的介绍模式，既不能直接与她冲突，又不能像梅丽莎那样与萨拉断开连接。这也是桑迪制造言语错误的原因。

介绍看起来无害，但是所有的社会活动（实践）都充斥着人们"躲藏"在活动及其规则背后从事社会工作的机会。人们很少中断他们共同从事的活动来对抗其他人，因为这将"打破"活动。这些语料要说明的一点是，甚至我们认为理所当然的"小事"或习惯也可能是很重要的，也可能隐藏着大量重要的社会工作。

3.7　使用活动构建—工具

活动构建—工具告诉我们要询问人们如何构建一项社会认可的活动，这需要什么行动，以及他们在实现目标和事项的活动中在努力完成什么行动。人们可以在同一时间构建一个以上的活动。我们话语分析者也总是想询问，我们正在研究的活动有多么死板（常规）（人们在执行活动的过程中一般有多大的自由？）？在报告活动的过程中有多少创新（如果有的话）？

练习任务 21

下面转写一段对话。思考会话双方在从事什么活动？你可能需要做一些研究（询问）来判断这是什么活动？参与会话者如何使用语言反映和帮助构建这种活动？比德和阿林在此活动中执行了什么行动？这些语料也可以应用陌生化—工具。这个交际中有什么是陌生的？为什么它对某些人来说应该是正常的和自然的？

比德：Are you really dead

阿林：Yes, did you get the heart?

比德：I got the heart—another guy was helping

阿林：Good

比德：I am standing over your body—mourning

阿林：I died for you

比德：So touching

阿林：It's a long way back

比德：I know—I've done it

知道阿林和比德是兄弟——事实上他们是同卵双胞胎兄弟——能够帮助你更好地理解这些语料吗？

练习任务 22

阅读阿司匹林瓶子上的一则警告并回答下面的问题。

Warnings: [*Children and teenagers should not use this medication for chicken pox or flu symptoms before a doctor is consulted about Reye Syndrome, a rare but serious illness reported to be associated with aspirin.*] Keep this and all drugs out of the reach of children. In case of accidental overdose, seek professional assistance or contact a poison control center immediately. As with any drug, if you are pregnant or nursing a baby, seek the advice of a health professional before using this product. IT IS ESPECIALLY IMPORTAIVI NOT TO USE ASPIRIN DURING THE LAST 3 MONTHS OF PREGNANCY UNLESS

SPECIFICALLY DIRECTED TO DO SO BY A DOCTOR BECAUSE
IT MAY CAUSE PROBLEMS IN THE UNBORN CHILD OR
COMPLICATIONS DURING DELIVERY.

问题：

1. 这种语言在寻求构建或建立什么活动？这里的活动只是官方（法律）的警告吗？

2. 为什么 "In case of accidental overdose, seek professional assistance or contact a poison control center immediately?" 一句中的 "accidental" 一词不省略？为什么要用这个词？这个词的意思是告诉我们让故意服药过量的人死吗？

3. 为什么第一句话直接提到这种药物（瓶中的药物）（"this medication"），但第二句说 "this and all drugs"，最后一句说 "as with any drug"？为什么有时在瓶子上直接标出实际药物，有时则用通称 "all drugs" 和 "any drug"？为什么第一句使用短语 "this medication"，而不是 "aspirin"（毕竟在这句话的末尾确实使用了 "aspirin"）？

4. 第一句（标签上的斜体字）和最后一句（标签上的黑体字）是后来添加的。原来的警告只有中间的句子（正常字体）。你知道为什么要添加这两句话吗？添加的这两句话与中间句子的语言风格不同，你知道哪里不同吗？为什么？

5. 人们经常说，药物警告是为了保护人，因此应该写得简单明了，以便阅读水平低的人也能阅读。这则"警告"是以阅读水平较低的人能读懂的方式写的吗？人们经常读到这样的警告吗？为什么经常用的是小写字体？谁是这则"警告"的主要受众？谁是这则"警告"的"作者"？

—— **练习任务 23** ——

　　下面的语料来自一位二年级教师的阅读课堂。老师正在给学生上阅读课。她首先要求学生听写一句话。这句话是"I love the puppy"。然后她让学生听写一组单词，一次写一个，要求拼写正确。一组词听写完以后，老师问学生句子中的"love"一词是如何拼写的，以及一组词（一个接一个）中的每一个单词是如何拼写的。如果有拼写错误，在老师口头给出正确的拼写之后，学生应该逐一予以纠正。

　　下面是一个非洲裔美国女孩儿的听写。请注意，"sume"（"some"）和"shuve"（"shove"）是错误拼写：

dove

sume

glove

one

shuve

come

　　正如我们所说，老师让孩子们纠正原来的句子，并逐一纠正每一个单词，最终给出每个词的正确拼写。当老师给出单词列表中第二个词"some"时，这位非洲裔美国女孩儿纠正了她的错误拼写，然后她注意到了这组词的拼写规律，于是便修改后面的"shuve"一词。老师让她停下来，并大声指责她，说必须"一次一个"修改，不能跳到后面。

　　老师继续让这一小组学生参与一本书的"看图说话"活动。学生"阅读"书中的图片，根据每张图片轮流预测书中的文字内容。这个非洲裔美国女孩儿反复地在她的椅子上弹跳，踊跃讲述每张图片。老师让她安静下来。女孩儿说："对不起，但我真的很高兴？"老师回答说："嗯，安静下来。"

问题：

1.在拼写任务中教师在构建什么活动？这项活动的本质是什

么？她的目标是什么？她是在构建一个以上的活动吗？

2.有没有办法可以让老师对女孩儿在纠正拼写错误时"跳到后面"的反应看起来与这节课的主要目标（即识别英语的拼写模式）相矛盾？为什么她会与这个目标相矛盾呢？

3.老师对小女孩儿"对不起，但我真的很高兴"的反应（即"嗯，安静下来"）和她在阅读课堂上对小女孩儿听写的反应告诉了你什么？

4.著名的英国教育社会学家巴西尔·伯恩斯坦（Basil Bernstein）说，在每个课堂上都有一个监管话语和一个教学话语，而且教学话语往往是为监管话语服务的。你对伯恩斯坦的话有什么想法？这位老师和她的学生的语料与这句话有关系吗？

阅读书目

Bernstein, B. (2000). *Pedagogy, symbolic control, and identity*. Lanham, MD: Rowman and Littlefield.

3.8　身份构建—工具

我们使用语言识别一定的身份或角色。我们在说话时随时会构建一种身份。每个人在不同的环境中都承担不同的身份。例如，一个人可能在同一时间或在不同时间承担父亲、男性、非洲裔美国人、教授、视频游戏玩家、福音派基督徒、委员会主席等各种身份。并且，这些身份中的任何一个表现出来时，都会影响其他身份。

我们都是不同文化、社会团体和机构的成员，并且有不同种类的角色和关系。在每一方面，我们的言谈举止都必须被识别为"正确"（或"适当"）的身份。福音派基督徒或游戏玩家不会随便承认一个人是福音派基督徒或游戏玩家。他们期望他们看到的那些人是在以某种方式说话和行动来分享他们的身份。鸟类观察者、帮派成员、律师和女权主义者也是如此。

此外，还有不同类型的福音派基督徒、非裔美国人、游戏玩家、女权主义者、律师或任何其他身份。当我们作为一种特定"类型的人"——（以一种特定的社会认可的身份）——行动和说话时，我们是在以特定的身份说话和行动。有多种方式成为非洲裔美国人、游戏玩家、行政人员、工人阶级或任何其他身份。我用身份一词来指称或识别具有不同社会意义的"人"。

由于我们所有人在不同的语境中都有许多不同的身份，所以问题是是否有一些核心身份或自我感觉在引发和统一这些多重身份。我们称之为"核心身份"。有些学者认为这种核心的统一身份根本不存在，虽然几乎所有的人都感觉有。他们觉得在身后或他们所有的社会身份和角色之外，存在一个自己。

其他学者认为，我们人类通过向别人或自己讲述我们生活中的故事（以及我们是谁）的方式，积极地创造我们的核心身份。然而，这个故事以及关于我们是谁的描述，可以随着语境和时间的改变而改变。与此同时，很清楚，感觉有一个属于我们自己的、跨越所有不同类型的语境的身体（和心灵），是我们拥有统一的核心身份认同感的一部分。

在任何情况下，作为话语分析者，我们并不在乎是否真的有一个核心自我或这个核心自我是什么。我们在乎的是人们如何通过语言表达他们是谁，以及他们的多重身份的感觉。

需要特别指出的是，我们所有人都拥有同一个重要身份。我们都有能力成为一个"常人"，而不是在某种特定语境中成为专家或学者。

当我们以常人的身份说话或做事时，由于我们的方言和文化不同，我们说话做事的方式也不同，虽然在一个更宽泛的社会，如美国，也有一些共同的规范。我将称这个身份为我们的"生活世界身份"。生活世界是我们作为常人说话做事的所有语境。

即使像医生、律师、物理学家等这样的专家，也不总是以专家的身份说话做事。在有些场合他们也以常人的身份说话做事，使用常识性的、"人所共知的"、常人期待共享的语言。在宴会上使用高度专业的语言与亲朋好友交谈往往被认为是粗鲁的。有时几个有相同专业知识的人在交流时可能会说"行话"，但即使在这样的场合他们也不总是这么说话。

但是，我要重申的是，来自不同社会阶层和文化群体中的人在他们的生活世界中作为常人社交时总是使用不同类型的语言说话，以不同的方式做事。他们甚至对什么算是"常识"（常人的感觉）的看法也不一致。此外，任何一个人在不同语境下作为常人的说话做事方式也会有变化。在酒吧里，我们说话既不会用与爱人亲密时的那种方式，也不会用与我们不怎么认识的人（如，公交车站一起等车的人）的那种方式。但是，在每种情况下，我们都是作为常人说话做事，认为这些语境就是生活世界语境。

当人们作为常人说话时，他们使用我们所说的"土语风格"语言。人们的土语因方言和社会文化群体的不同而不同。此外，我们每个人在不同的语境中都使用不同版本的土语——比如，不太正式和更正式的版本。

我们在第 3.2 节讨论过一个年轻女子跟男朋友和跟父母谈话的一些语料。这个我称之为"简"的姑娘是一个二十多岁的中产阶级非洲裔美国人。她选修了我的语言与交际课程。该课程讨论的是人们如何在不同的语境中表达不同的身份。简声称她自己没有这样做。她说她说什么话以及她是谁在任何语境中都是一样的。她还说，要是不一样就显得很"虚伪"，会失去"自我"。

为了证明在不同的语境中和不同的人说话时不会改变谈话风格，简决定把她与父母的对话和与男朋友的对话录下来。她决定在两个场合都谈论她在课堂上谈论过的一个故事，以确保她在两个语境中谈论的是同样的内容。

在故事中，一个名叫阿比盖尔的姑娘要乘一条小船过河看她的情人格雷戈里。船家（罗杰）说他可以送她过河，但她要答应和他睡上一觉。为了见到格雷戈里，阿比盖尔可以不惜一切代价，于是她就答应了。她过了河，见到了格雷戈里，并把她的经历告诉了他。然而，格雷戈里却宣布和她断绝关系，抛弃了她。故事内容还有很多，但这些信息对我们现在要讨论的问题已经足够了。我要求我班上的学生给故事中的人物从最讨厌到最不讨厌进行排列。

简用下面的句子向父母解释她为什么认为格雷戈里是最坏（最不道德）的人物：

Well, when I thought about it, I don't know, it seemed to me that Gregory should be the most offensive. He showed no understanding for Abigail, when she told him what she was forced to do. He was callous. He was hypocritical, in the sense that he professed to love her, then acted like that.

之前，在一个非正式场合，她也向男朋友解释了她为什么认为格雷戈里是最坏的人物。当时她是这样说的：

What an ass that guy was, you know, her boyfriend. I should hope, if I ever did that to see you. you would shoot the guy. He uses her and he says he loves her. Roger never lies, you know what I mean?

很明显——甚至对简也很明显——简使用了两种截然不同的语言形式。简的两种社会语言之间的差别在两个文本中随处可见。对父母，她还是很小心的，说得比较委婉（"I don't know"，"it seemed to me"）；而对男朋友，她却直截了当。和男朋友谈话时她用了"ass"和"guy"等词语；而和父母谈话时，她用了比较正式的词语，如"offensive"，"understanding"，"callous"，"hypocritical"和"professed"等。她还对父母使用了较正式的句子结构（"it seemed to me that..."，"He showed no understanding for Abigail, when ..."，"He was hypocritical in the sense that..."；而对她男朋友用的句子结构就不怎么正式了（..."that guy, you know, her boyfriend"，"Roger never lies, you know what I mean?"）。

简一再对男朋友称"you"，从而表明了他作为一名受话者的社会身份。但她却没有这样直接指称她的父母。在和男朋友的谈话中，她在几个地方都留下了推理的空间，而对父母她却表达得非常清楚。（比如，简说虽然罗杰很坏，但至少他没有撒谎，而格雷戈里确实撒谎了，因为他说过他是爱阿比盖尔的。简的男朋友必须从简提供的这些信息中推理出格雷戈里太虚伪，应该受到谴责。）

总之，简对父母似乎在更多地使用"学校式"的语言，只需要他们当她的听众，不需要他们进行推理，不需要他们的社会和情感参与，虽然也有可能强调他们认知方面的参与，对她和她的"智慧"做出评价。另一方面，她对男朋友使用的语言却强调社会和情感的参与和协作，强调意义的共同构建。

这位年轻女子在使两个版本的"她是谁"看得见、可识别。一方面"她是一个本分、孝顺、聪明、有教养的乖女儿在和自豪（供其读书）的父母一起吃饭"；另一方面，她是"正在和男朋友亲近的女子"。当然，我有一点需要补充。虽然简这样的人可以在餐桌上和父母这样谈话，但不是所有的人都可以这么做。她可以在父母面前表现出其他的身份。而且，简确实会在不同的场合采用不同的方式与父母说话。

以后我们会称简使用的不同的语言风格——和所有这种风格的变化——为不同的"社会语言"（见第4.4节）。和男朋友说话时，她使用的是她的土语社会语言的非正式变体；跟父母说话时，她使用的是"学校式"的比较正式的语言风格。很多受过教育的人都把这种语言风格当作土语的正式版本，当然我们也可以说，这样说话不是真正的常人，而是"受过教育的人"。不使用这种语言风格的人，或者至少不与家人和朋友这样说话的人，有时认为在这种场合使用这种语言是"装腔作势"。无论如何，这种语言是从土语向"专家"语言过渡的某个阶段（这种语言与受教育程度相关）。

我们使用语言构建身份的一种方法是以某种方式描写他人及其身份，与我们想要接受或构建的身份进行比较或对比。在许多情况下，如果没有其他人接受相关身份或被描绘为具有相关身份，某一特定身份就不存在。例如，"特殊教育"教师需要"特殊教育"学生，他关于学生的谈话和行动采取的是一种可以创造和维持这种身份的方式。

我经常听到教师谈论"差"学生和"好"学生。当然，我们不清楚我们是否真的可以按照好或差这一单一尺度给学生排名。此外，也有人认为，学生之"好"或"差"不在于学生自身或学生的心理能力，而在于他们学习的环境，以及他们与这种环境的关系和他们在这种环境中的相互关系。根据这一观点，一个学生在某一个背景之下或一系列关系中可能是"好的"，而在另一个背景之下或一系列关系中可能是"差的"。然而，学校通常对学生进行排名或分拣，在这一话语中（见第 4.8 节），老师承担着一个分拣机的身份，学生则承担一种基于自身的本质特点被老师分拣——有时被老师谈论——的身份（如，"聪明"或"机灵"）。

上述语料中，简不只是在语言中为自己构建了不同的身份，她还为男朋友和父母创造了不同的身份。她以某种方式"定位"他们，也就是说，她在谈话中为他们创造了一个身份"地位"或"位置"，让他们此时此刻承担这样的身份，在这个位置上谈话。

因此，我们应当想到询问人们如何构建不同的身份，如何描述别人的身份，以及如何定位别人的身份并且让别人承担这种身份。由此，我们提出下一个构建工具，即身份构建—工具。

工具 16
建—工具 使用身份构

对于任何交际，询问说话者在试图促成或让他人识别什么社会认可的身份。还要询问说话者的语言是如何对待他人的身份的，说话者为与他或她自己的身份有关系的他人识别了什么类型的身份。还要询问说话者是如何定位他人的，以及说话者在"邀请"他人接受什么身份。

阅读书目

Gurnperz, J. J., Ed. (1982). *Language and social identity*. Cambridge University Press. [重要文集。]

Habermas, J. (1984). *Theory of communicative action*, Vol. 1, trans. by T. McCarthy. London: Heinemann. [哈贝马斯在本书中使用了"生活世界"这一概念。]

3.9　使用身份构建—工具

　　人们使用语言在不同的语境中为自己构建不同的身份。他们还帮助别人构建他们"邀请"别人接受的身份。反过来，他们使用他们为别人构建的身份，（通过比较和／或对比）来进一步构建自己的身份。下面是我转写的两组语料，请你研究说话者是如何为自己构建身份，以及如何使用她赋予别人的身份来进一步构建她自己的身份的。

────── 练习任务 24 ──────

　　下面的语料来自对一个叫艾米丽的白人女中学生的采访。艾米丽最近从一个中产阶级社区转移到一个中上层阶级的著名市郊住宅区。在下面的语料中，艾米丽谈论的是她在市郊住宅区最好的朋友，一个名叫苏西的白人女孩儿。阅读、思考并回答下面的问题：

　　在转写中，"／"代表非终结语调，"//"和"？"标记终结语调。逗号表示暂停，"——"表示说话者在此中断并转向说其他事情。

1.Like, there's there was this girl / who was dressed / dressing really like like preppy //

2.And, and, she came up to me and I was talking with Susie //

3.And she's like, she's like, "Yeah" you know / "I really like the Grateful Dead //

4.I just got one of their albums and I like the song like KC Jones" //

5.Which is like, you know, the most popular song like in the world that the Dead ever wrote //

6.And um, she's like, "Yeah, they're really like cool and I wanna get their shirt and stuff" //

7.And so after she walked away / I was talking to Susie / And and I was like / I was like, "Oh" //

8.And Susie's like "So what do you think about" like, "that

girl, that she likes the Dead"?

9.I was like, "I think she's kind of a poser" //

10.And um, and Susie's like, "Well why do you say that? //

11.You know if she really likes the Dead what makes her a

poser"?

12.So, I mean, it's like she has a point //

13.But she doesn't, like, even like—

14.And then I can't explain myself //

15.I'm just like, "Well, it's just how it is, you know," I mean //

16.And like, a lot of times she'll make comments that I take to be

like, like, like, homophobic or something //

17.Like not really badly, like, she won't say that gay people are

evil or something //

18.But you know, just like, sort of like innuendoes //

19.And um, I'll say like, "Oh Susie, you know, please don't say

that / like, it bothers me" //

20.And, and she'll like, "Why? It's not bad / you know, like, I

wasn't saying anything bad" //

[艾米丽和采访者聊了几句别的，然后接着谈论苏西]

21.About people, like when I, when I was in Colorado / I came back

and I was telling her about um, like, we went on a horse trip //

22.And we stayed with these like cowboys / and like, they were so

cool //

23.They were like, right out of the movies //

24.And, right near us there was this shed / and there were like,

where we were camping / which was 22 miles out of civilization

t / his little like run down like cabin shed thing //

25.And they told us all these ghost stories/ about this guy who lived

there / like Alfred Packer who was a cannibal //

26.And so when I came back/ I told Susie these stories

27.And she's like, "Oh, they're just making that up to scare you //

28. They don't believe that and stuff/because, like, it's not true" //

29. And, you know, I said. "Maybe it's not true but they do believe it/because you know that's like, how they've been brought up //

30. And they like really are rednecks/and they like really say these things" //

31. And she's like, "No: o they aren't really like that/ no, they're just saying that, they like—"

32. And I'm like, "Susie, you, you just don't understand that there are people like that" /

33. And so, I dunno //

34. She, she's, like doesn't understand some things //

35. But she, she's like really nice and really fun / and that's why we're friends //

36. So //

问题：

1. 艾米丽在为自己构建什么身份？她在为苏西构建什么身份？阅读以上语料，指出艾米丽在构建这些身份时使用的所有方法。观察语料中的语言特色。

2. 艾米丽为苏西构建的身份在艾米丽自己的身份构建中发挥什么作用？也就是说，艾米丽给苏西赋予的身份是如何帮助她构建自己的身份的？

3. 在采访的另一部分，艾米丽告诉采访者她认为她所在的新城镇的孩子因（受到父母）"庇护"而脱离了"世俗"。她认为自己"更世俗"，因为在她的旧社区，她看到过各种事情，也没有受到父母多少庇护。上面的语料如何反映艾米丽关于她自己的身份和她所在新城镇孩子身份的观点？

4. 艾米丽试图通过谈论自己和对照自己的身份与她赋予苏西的身份来构建自己的身份。你从这一构建过程中是否看到了什么张力或矛盾？

—————— 练习任务 25 ——————

下面的语料是对一个名叫玛丽亚的拉丁美洲裔女中学生的采访。玛丽亚在一个蓝领工业城镇上学，这个城镇失去了很多工业，经济条件很差，就业机会很少。那些仍然就业的人工资也很少，享受不到医疗福利。镇上的许多父母——（非西班牙裔）、黑人或西班牙裔——从事不止一份工作，以维持生计，那里失业率很高。城镇里富人不多，而是有很多工人阶级的贫穷白人，以及黑人和拉丁美洲裔人。然而，玛丽亚学校的小部分富人学生都是白人。在采访到这一点时，玛丽亚正在谈论为什么与白人相比，职业西班牙人（如，医生）这么少：

1. Because like white people get more education //

2. Like Hispanic people don't, don't / some of the Hispanic don't like go to college and stuff like that //

3. And, you know, Just, the white people just like / they like to, they want a future //

4. You know they—

5. Some, some Hispanic and stuff they, they just—

6. I'm Hispanic but I'm saying—

7. Some um, they just like, like to hang around / they don't want to go to school / they don't you know //

8. So people don't, don't think like that //

9. They want to get an education / they want to have a good/ their life //

10. And they really don't care what people say / like if they make fun of em //

11. Like "gringos" and stuff like that //

12. They don't, they don't care / they just do their work and then, they see after / they're like, they're married and they have their professions and stuff made, / then, let's see who's gonna like, be better //

13. Maybe the Hispanic boy that said that you gonna / that like you're a nerd or something //

14. Probably in the streets looking for sh, for money and stuff like that / sick / and you have a house / you have your profession / you got money //

15. So—

问题：

1. 玛丽亚在为自己、西班牙人和白人构建什么类型的身份？

2. 在这次采访的前面部分，玛丽亚曾说她认为白人比西班牙人聪明。她继续说：

They're just smart // ((轻笑))

I think they were born smart //

There's something like, their moms or something they give em a little piece of smart or something // ((轻笑))

so they'll be smart //

玛丽亚说的这些话如何与她在上述语料中看待身份的方式相吻合？

3. 在玛丽亚为自己、西班牙裔和白人构建身份的方式中存在什么张力或矛盾？

4. 玛丽亚很少直接谈论自己。这如何影响我们作为受话者给她赋予身份或自我感？ "I'm Hispanic but I'm saying—" 这一句有什么作用？

5. 采访者是一个女人。你认为这对玛丽亚所说的话有影响吗？为什么？

6. 你认为玛丽亚的城镇对她如何看待身份有影响吗？

7. 人们往往倾向于把社会问题（如，在全球背景下一个城镇的经济下滑）归咎于他人和他们所看到的，而不是归咎于更大的全球性和制度性因素。这一点在玛丽亚的话语中是如何体现的？

8. 人们用来构建身份的话题通常不是现场编造的，而是从某处获得的。你觉得玛丽亚的话题是从哪里获得的？

3.10　关系构建—工具

我们使用语言来建立和维持所有不同类型的关系。我们使用语言与其他人以及群体和机构建立关系。显然，这种建构任务和身份构建任务是密切相关的，因为我们在任何语境下为自己构建的身份往往在一定程度上取决于我们如何看待和解释我们与其他人、社会团体、文化或机构的关系。

反过来，我们根据我们给他人赋予的不同身份与他人建立联系。如果我看到我与他们的关系是专业上的同事，而不是朋友，那么我就采取不同的方式跟他们谈话和做事。甚至对同一个人，作为专业上的同事和作为朋友看待时，我对待他的方式也不相同。

我们再来看一看我们在第 3.8 节讨论身份建构—工具时看过的语料。一位年轻女子和她父母谈话是一种情况，和男朋友谈话是另一种情况。我把这些语料转写如下：

对父母：

Well, when thought about it, I don't know, it seemed to me that Gregory should be the most offensive. He showed no understanding for Abigail, when she told him what she was forced to do. He was callous. He was hypocritical, in the sense that he professed to love her, then acted like that.

对男朋友：

What an ass that guy was, you know, her boyfriend. I should hope, if ever did that to see, you, you would shoot the guy. He uses her and he says he loves her. Roger never lies, you know what I mean?

在第 3.8 节，我们说过这位年轻女子在使两个版本的"她是谁"看得见、可识别。她在通过谈话来促成两个不同的身份。一方面"她是一个本分、聪明、有教养的乖女儿在和自豪的父母一起吃饭"，另一方面，她是"正在和男朋友亲近的女子"。但是，当然，这也是两种不同的关系。简与她的男朋友是一种团结和亲密的关系，而与父母是一种更正式的尊重和遵从的关系。

身份和关系紧密相连。然而，把它们分开关注往往也是有用的。创建或接受身份与创建和维持某种关系是不一样的，不管二者有多密切相关。身份为关系设置参数。作为一个教授（身份），我可以和不同类型的学生有不同类型的关系，虽然我不能违反作为教授身份的限制。此外，即使我是一名教授，我也与我当教授的学院和大学建立了不同类型的关系。

作为朋友是一种身份：它是一个促成的角色，是作为某种类型的人的方式。尽管如此，我可以与不同的朋友形成不同类型的关系。例如，我和一个朋友开玩笑取乐，而对另一个朋友尊重讲礼貌。我不能超越作为朋友身份的参数。

所以，我们总是想询问关于身份和关系以及二者如何相互作用的问题。由此，我们提出另一个构建工具。

　　对于任何交际，询问如何使用文字和各种语法手段来构建和维持或改变说话者、其他人、社会团体、文化和／或机构之间各种各样的关系。

工具 17
——关系构建工具

让我们看一个例子。在第3.2节中，我们讨论了一位在美国某研究生院读书的外国博士生，读了几年后失去了她的导师。她需要另选一位导师。她在和一位教授谈话，她想让他当她的博士导师，但这位教授不太愿意。她说："帮助我是你的工作，我需要学习。"

这个学生把教授识解为从事"助人行业"的人："帮助我是你的

工作。"我们认为助人行业的人有义务帮助需要帮助的人，如果他们的需要属于这个行业人士的技能领域的话。因此，我们认为牧师、医生、护士和教师都是助人行业的人，他们从职业上和道德上都有义务帮助有需要的人。当然，并不是所有从事这些行业的人都是这样做的。有些医生不会给付不起钱的病人治疗，无论病人的需要多么强烈。但是，至少在理想情况下，我们认为这些行业是"助人行业"。

通过将教职员工解释为助人行业的人，学生理所当然地以某种方式识解这位教授与他工作的机构的关系。她把大学识解为一种助人机构，而这个机构应该为助人的教师支付工资。所以她才说这是"他的工作"。她相信，他就是一个"助人行业"的人。

通过说"我需要帮助"，这个学生陈述了她对帮助的需求。这种需求应该受到助人行业人士的回应。她把自己与教师的关系识解为她需要这位教授的帮助，就像医生要帮助病人，小学教师要帮助有特殊需要的学生一样。

当一个人以这种方式解释研究生和教授之间的关系时，如果教授说"不"，那么很有可能会发生什么事情？学生有可能会更强调自己的需要，把自己解释得更糟糕，以便得到"助人者"的帮助。这正是一个病人在护士的回应不够多或不够快时可能会做的。在老师拒绝当她的新导师以后，这位学生就是这么做的。

但这位教授却没有把他和他的机构或他的学生之间的关系看成是一个"助人行业"的关系。他认为自己指导的应该是有信心有能力的学生，就像专业运动教练看待他或她的队员一样。因此，表达需求是没有用的。他期望听到的是信心和能力的表达，即使学生此时的能力还有待提高。只表达需要而不表达能力只能让事情变得更糟。

这位学生在这次会谈中没有得到任何好处（至少在最初阶段）。

她可以被看作是试图让教师接受她正在寻求建立的那种关系。这当然可能发生。她本来确实可能让这位教师以新的方式看待他与他的机构和学生的关系。所有的关系构建都是有风险的。比如，我们盖的房子人们可能拒绝入住。

与此同时，这个学生也可以尝试建立不同的关系。她可以使用语言来寻求与教师建立另一种关系，比如，建立一种更类似于教练和运动员的关系，而不是一种爱心护士和病人的关系。在这种情况下，她本来应该把自己说得特别有信心、有造诣、有能力，而不是特别需要导师的指导，要让教授看到这种关系是互利的。

3.11　使用关系构建—工具

练习任务 26

下面我们再次思考在第 1.6 节中看过的语料。这些语料来自我们已经多次讨论过的历史研究项目（如，第 1.4 节）。

一位名叫简的中学教师（卡伦的好朋友——我们在第 1.4 节看到过——简和卡伦在同一所学校任教）告诉历史学家萨拉和大学研究中心一位帮助该项目的代表，为什么如果让她们班上的学生参加项目，应该首先联系她们这些老师，而不能先去找课程协调员。可是，萨拉连续两次都是联系的课程协调员。

简在这里谈论的背景是，萨拉写了一个基金申请书，希望下一年继续她的项目，并再次首先联系课程协调员玛丽·华盛顿而不是老师。乔也是一位课程协调员（秀和露西是他学校的老师），他也参加了第一次项目会议。第 1.4 节卡伦的语料就是来自这次小组会议。玛丽，当然就是玛丽·华盛顿，萨拉就是给她打的电话，也是她让卡伦给萨拉打电话。

Well I think /

one thing you need to recognize /

about the STRUCTURE of the Middleview schools

is that if Su, Lucy, Karen, and I /

or any combination thereof /

are involving our classrooms /

we are the people who need to be asked /

and to be plugged into it //

Joe does /

um as curriculum coordinator for Freeland Street /

does not have the right to commit Su Wilson //

Nor Linda Defoe //

Nor does Mary /

Have the right to commit /

or structure the grant for us //

Uh it becomes a question /

like Karen said /

this isn't her priority area /[卡伦是教英语的,不像简是教历史的]

that she wants to be in //

If it is mine/

or someone else /

we are the direct people //

In a sense we OWN the kids //

If you want the children to be doing the work /

You've got to get the classroom teacher /

not the curriculum coordinator or [下一个发言者打断了简]

问题：

1. 仔细阅读简的语言，思考她是如何构建或解释（不管我们怎么说）她和其他教师与其他类型的人（如，她班上或她学校的学生）和机构的关系的？参照简说的话和她的说话方式来回答这个问题。

2.卡伦在通过语言的使用方式与参加会议的其他人建立什么样的关系？

3.简说"In a sense we OWN the kids"时，你认为她是什么意思？为什么她强调"own"？

—— 练习任务 27 ——

下面是一个十五岁女孩在网上发的帖子。她使用电脑游戏"模拟人生"自带软件写故事（"粉丝小说"）。你将在第4.5节再次看到这些语料。女孩的故事是由（来自游戏）图片和文字（每张"幻灯片"都有一张图片，图片下面配有文字）组成的。女孩写这种像小说一样的长篇连载故事，其中一个故事叫《林肯高地》（"LH"）。她有一些忠实的粉丝在等待她发出故事的每个新章节。以下是她给她的粉丝发的一条消息。请讨论这个女孩（作者）是如何建立她与粉丝（她们也是十几岁的女孩子）的关系的。

2007 年 12 月 2 日，星期天

As u can see I gave my page a little makeover! I've had that oldd one for over a year! Needed a change! As 4 LH 1.3 I've got around thirty slides, working up to my usual 127! Patience is all it takes! I garentee it'll B out B4 Xmas though! :)

<3 A

3.12 政治构建—工具

正如我在第 3.3 节中所说，我在本书中将以特殊的方式使用"政治"一词。我所说的"政治"不是政府和政党，而是任何社会产品的分配情况。我所说的"社会产品"是指任何被社会群体认为值得拥有的物品。

我们使用语言来构建和摧毁社会产品。任何社会都有很多社会产品。有些东西被社会上几乎所有的人都视为社会产品，有些东西则只被社会上一小部分人视为社会产品。例如，在美国，一些人认为能够在公共场所携带枪支是一种社会产品，而其他人则不这么认为。当那些不认为携带枪支是社会产品的人企图剥夺枪支携带者的枪时，枪支携带者会认为自己被剥夺的不仅是枪支，而且是一种他们为之奋斗的社会产品。反对持枪者认可的社会产品是无枪社会。

几乎所有的人都认为被尊重被谦让是一种社会产品，被喜欢的人以诚相待也是一种社会产品。这些都可能发生冲突。尊重和谦让意味着正式，并拉开了人与人之间的距离。如果我期望你的诚心，但你却对我敬而远之，我可能会受到伤害；另一方面，表现诚心意味着非正式、友好和亲近。如果我期望你对我敬而远之，但你却对我表现诚心，我会觉得你太自我，过分夸大了我们的友谊。

所有的人都有社会学家所说的"面子需求"。"面子"是我们每个人都有的关于价值或尊严的感觉，我们希望被社会上的其他人尊重。面子是某种可以丢失、维护或提升的东西。我们有"丢面子"和"留面子"等说法。人们有两种主要的"面子需求"。每个人都有所谓的"消极面子"需求。他们希望自己的隐私受到尊重，不希望别人强加给他们。这是让他们远离别人的面子，除非他们愿意与别人互动。但每个人也都有所谓的"积极面子"需求。他们想要归属感，期待参与，因此不希望被忽略。这是人们接近别人的原因。

基于文化差异，但有时只是基于个体原因，不同的人在这两种面子需求之间有不同的平衡。有些人不喜欢别人勉强他们。他们重视消极面子多于积极面子。另一些人喜欢参与，并期待与别人互动交流。他们重视积极面子多于消极面子。一些文化倾向于消极面子，另一些文化则倾向于积极面子。所有人都有这两种面子需要，但他们的平衡不同，在不同的语境中期待不同的事情。

请想象两个陌生人在公共汽车站等车时会发生什么。等了一会儿，有些人就会觉得不跟别人打招呼太不礼貌。这些人喜欢参与，认为忽视他人或被他人忽视是不尊重。他们在这种情况下期待积极面子需求（需求参与）发挥作用。其他人认为一个陌生人与他们搭话是不尊重他们独处和自行决定参与时间和方式的权利，是对他们的勉强。他们在这种情况下期待消极面子需求（需求隐私）发挥作用。

向某人提出请求可能会"威胁面子"，即被视为勉强或一种过度参与形式。例如，在某些情况下，如果我说"你想去吃饭吗？"你可能会觉得这个请求让你为难。在不伤害我需求参与的面子的情况下你很难说"不"。你会觉得我的问题是以你不喜欢的方式强加给你的。所以我伤害了你的需求隐私和不被勉强的面子。同时，在某些情况下，如果我不问你，我也会冒犯你，因为我不要求你参与而损害了你的积极面子。

一个多元化社会中会有各种不同类型的人。所以，人们很难做到既能驾驭面子，又不冒犯他人。有时候，我们发现我们太活跃，什么都想参加；有时候，我们又发现我们太冷漠，不希望接近他人、积极参与。

面子需求是社会产品的大类。我们可以以许多不同的方式尊重或拒绝别人的面子需求。

另一个以许多不同的方式给予或撤回的社会产品大类是把我们自己、我们的行为或者我们的财产看作"正常""适当""正确""自然""值得"或"好"的东西。当然，这些标准在不同的语境下和不同的社会和文化群体中可以改变。

我曾经在一所大学工作，每年我所在的学校都有一次研究生论坛。论坛由研究生自己组织。有一年，在安排论坛时，组织者组织了一场被称为"替代研究方法"的会议。恰好安排在这一时段发言的一个学生为此发怒了。她觉得受到了侮辱。她认为"替代"一词意味着她不是主流或"不正常"。她和其他几个支持她的同学一起要求组织者道歉。另一方面，有些人则认为"替代研究方法"这个说法是"更好"或"更新"的方法，并且因为他们被归为"特殊"的、没有被纳入该领域的"主流"研究方法而感到自豪。然而，当人们把自己的话语和行为当作社会产品时，把这些社会产品说成不正常、不自然、不可接受、不正确、不好或不值得等，可能会被认为是严重侮辱和／或引起冲突。

那么，我们使用语言时，我们构建的一件事情就是我们所说的社会产品。我们还将这些社会产品分配给他人，以及他们所属的群体、文化和机构，或从他们那里撤回。最后，我们构建我们认为社会产品在社会上或在社会和文化群体中是如何分配或应该如何分配的观点。对我来说，这就是语言是"政治"的地点和方式。我在这里使用"政治"一词，是因为政府、选举和各级政党的大量工作都是关于社会产品的冲突和协商以及社会产品的分配方式的。社会互动和社会冲突也是如此。

由此我们引入另一个构建工具。

工具 18
政治构建工具

对于任何交际，询问如何使用词汇和语法手段来构建（构造、呈现）我们所说的社会产品并把这一社会产品分配给受话者或其他人或者是从受话者或其他人那里撤回。还要询问如何使用词汇和语法手段来构建一个社会产品在社会上如何分配或应该如何分配的观点。

　　让我们来看一个关于政治构建—工具的例子。下面的语料来自对一个名叫卡琳的女中学生的采访。卡琳去了一所著名的公立学校，这所学校在美国一个非常富裕的社区。该校学生大都可以进入美国最好的大学。此次采访的出发点是，卡琳是否认为她的学校的质量给她的优势是贫困学校的学生所没有的。

采访者：... just say that it's a really really poor neighborhood um or a ghetto school, and, um, do you feel like somebody who goes to school there would have a chance, um, to succeed or become what they want to become?

卡琳：Not as good as they would in a good school system //

It depends on—

I know that they probably don't //

If they don't have enough money /

they might not have enough to put into the school system //

and not, may not be able to pay the teachers and /

um, the good supplies and the textbooks and everything //

So maybe they wouldn't, they probably wouldn't have the same chance //

But, I believe that every person has equal chances /

um, to become they want to be //

　　卡琳被问到有关社会产品的一个显而易见的问题：贫困学校的学生是否没有机会得到他们在社会上取得成功所需要的社会产品？卡琳开始明确地给予肯定的答复："So maybe they wouldn't, they probably wouldn't have the same chance"。她还清楚地表明，他们和他们的学校缺乏的社会产品是钱。卡琳表达的观点是好学校是社会产品而穷学校缺乏这种社会产品：没有钱就没有好老师和好设备，这可能会对进入这些学校的学生的前途产生负面影响。

然而，最后卡琳似乎与她所表达的这一观点相矛盾了。她说："But, I believe that every person has equal chances / um, to become they want to be //。"目前还不清楚，贫穷学校的孩子怎么不会"有相同的机会"，但她又说"每个人都有平等的机会实现自己的梦想"。卡琳的后一种说法表达了社会产品在社会中如何分配的一个非常不同的观点。现在，她认为分配是公平的。

还要注意，卡琳用表示可能的词语表达了她认为贫穷孩子没有平等机会的观点："I know that they probably don't"和"So maybe they wouldn't, they probably wouldn't have the same chance"。这里她用了"probably"和"maybe"。另一方面，她用表示肯定的词语表达了她认为每个人都有相同机会的观点："I believe that every person has equal chances。"

这是什么意思？努力必然成功的观点是美国社会最普遍的信念之一。许多美国人认为社会产品的分配并未因贫穷和歧视大打折扣（见第 4.6 节"社会模式"和"图像世界"），这是一个常识性观点。卡琳赞同这一观点，并明确表达了这一观点。同时，采访也让她对学校给她带来的优势和贫穷学校给别人可能带来的劣势进行了认真的反思。尽管如此，这种反思并没有使她怀疑她对成功的看法，即，在美国每个人都有成功的机会。

通过对卡琳学校一些年轻人的采访，我们知道他们对社会成功感到非常担心（因为对他们来说成功就是要像他们的父母一样成为专业人士）。他们知道，进入著名大学和找到好工作的竞争很激烈。他们还相信不仅他们会成功，而且他们会通过努力工作而"公平地"获得成功，而不仅仅是通过社会阶级和财富的优势来获得成功。

因此，卡琳想承认，贫穷孩子的劣势来自资源不足的学校，因为她非常希望她的学校和教育会让她在她将要面对的激烈竞争中占据优势，进入一所好大学，获得一份好工作。同时，她也想相信所有的人都有公平的机会，努力会给她带来成功，她的成功是她"公平"地获得的，源自她自身的价值，而不是源于她的优势。事实上，告诉卡琳她现在和未来在学校的成功不是因为她自己而是因为她的环境将会威胁到她作为一个"有价值的""好"人而受尊重的面子需求。

在交际中寻求我们相互矛盾的欲望、需求和信念的平衡对我们所有人来说都是很常见的。卡琳在这方面不是特殊或无知的。当我们用语言构建时，我们经常会反思我们所看到的现实并且以让我们感觉人类（因为我们的成就）既值得受人尊重又（以公平的身份而不是以优势或任何不公平的方式）参与到别人当中的方式来观察现实——解释现实。

与此同时，对卡琳的采访表明，用"事实"甚至他们承认的事实去面对人，也不一定会让他们改变他们关于世界的根深蒂固的理论——很少有理论像我们对社会产品及其分配和应该的分配方式的看法那样深刻。我们稍后将讨论人们关于世界的理论，以及在为像卡琳的成功模型（即，在美国努力就会成功的观点）这样的理论介绍"社会模型"和"图像世界"等概念时，这些理论如何塑造他们的语言和行动。

阅读书目

Brown, P. and Levinson, S. C. (1987). *Politeness: Some universals in language usage*. Cambridge: Cambridge University Press. [参见本书中 " 面子 " 概念的使用。]

Scollon, R. and Scollon, S. B. K. (1981). *Narrative, literacy, and face in interethnic communication*. New York: Ablex. [绝妙的必读书，可惜经常绝版。]

3.13 使用政治建构—工具

练习任务 28

下面的语料来自对一个中学教师的采访。这位教师在我们第 3.9 节讨论玛丽亚的语料时提到的那座城市教学。正如我们在第 3.9 节所说，这座城市是一个前蓝领工业城镇，已经失去了很多工业，经济状况不佳。没有很多工作机会，那些有工作的人通常工资不多，享受不到良好的医疗福利。镇上的许多父母——亚裔、黑人或西班牙裔——从事不止一种工作以维持生计，那里失业率很高。

这位教师被问及她是否曾与她的学生讨论过社会问题。下面是转写的她的部分回答。"I"代表采访者。括号中的文字是磁带录音听不清楚时猜测的。"[????]"是听不清楚的地方。

1.Uh so [what] you you need to do about job hunting /

2.You need to look the part // [I:mm hm]

3.You don't see anybody at any nice store dressed in jeans // [I: uh huh]

4.They're not gonna have a job if they do that // [I: uh huh]

5.And a lot of the kids question that //

6.uh talk about housing /

7.We talk about the [????], we talk about a lot of the low income things //

8.I said "Hey wait a minute" /

9.I said, "Do you think the city's gonna take care of an area that you don't take care of yourself"? [I: uh huh]

10.I said, "How [many of] you [have] been up Saints Street"?

11.They raise their hands/

12.I say "How about Main Ave"?

13.That's where those gigantic houses are /

14.I said, "How many pieces of furniture are sitting in the front yad"？[I: mm hm]

15. "Well, none" //

16. I said, "How much trash is lying around"？

17. "None" //

18. I said, "How many houses are spray painted"？

19. "How many of them have kicked in, you know have broken down cars in front of them"？[I: uh huh]

20. I said, "They take care of their area" /

21. I said, "I'm not saying you kids do this" /

22. I said, "Look at Great River Valley /

23. They burn the dumpsters //

24. That's your housing area" // [I: uh huh]

25. "Do you know how fast that can JUMP·into someone's apartment or whatever else"？

26. I bring up the uh, they have in the paper /

27. Probably about two years ago /

28. The uh police were being sued—

29. Uh the fire department were being sued by a family that had a girl with asthma /

30. And the kids had lit the dumpster outside of their bedroom window /

31. And she had a severe asthma attack /

32. And the fire department would not come in /

33. So they couldn't get the police escort //

34. The fire department used to only go in with a police escort /

35. Because the people living there would throw bottles and cans at them // [I: uh huh]

36. And you know, again, the whole class would [????] //

37. I don't understand this //

38. Here is someone who's coming in here—

39. Maybe the police I could understand /

40.Because you feel like you're getting harassed by the police /

41.What has the fire department done to you/

42.That you're gonna throw bottles, rocks, cans at them? [I: uh huh]

43.And stop them from putting out a fire [I: uh huh] that could burn down your whole house? [I: uh huh]

44.Why do you burn the grass? [I: mm hm]

45.There's grass here that every single summer as soon as it turns green they burn /

46.And as soon as it grows back up they burn again //

47.Why do you do that?

问题：

1. 逐行阅读这些语料，讨论这位教师是如何构建或解释社会产品及其分配方式的。

2. 为什么在一些贫困社区的房子前面有破旧汽车，而在富人社区没有？富人社区的破旧汽车在哪里？

3. 有些人会从"社会阶级"的角度看待这位教师的谈话内容。一个社会中的社会经济阶层本质上是关于社会产品及其分布的。这位教师是如何解释社会阶层的？

4. 这位教师在许多地方说的是她在课堂上的对话。当然，对话是在接受采访时进行的。然而，她描述的是她如何与她的学生谈话。她在与学生的交谈中是如何根据社会产品为他们定位的，以及这些社会产品是如何分配的？这位教师是在责怪受害者吗？

5. 在句（21），老师说："I said, 'I'm not saying you kids do this'。"你怎么理解？她对这些孩子（"you kids"）说了什么？这与社会产品有什么关系？

6. 在上述语料的最后，教师说：

Why do you burn the grass? [I: mm hm]

There's grass here that every single summer as soon as it turns green they burn /

And as soon as it grows back up they burn again //

Why do you do that?

"Why do you burn the grass?"似乎是教师假装给学生提的问题。然后在"There's grass here that every single summer as soon as it turns green they burn / And as soon as it grows back up they burn again"中，她从"you"转向"they"。然后，在"Why do you do that?"中，她又切换回"you"。你认为教师在这里想做什么？结合问题 5 思考这个问题。她是如何定位自己与采访者，以及与她的学生的关系的？她是如何定位采访者和学生的关系的？

7. 在句（35），教师说"people"（不一定是孩子）朝消防员扔石头。然后她又转到"you"，并说"Maybe the police I could understand / Because you feel like you're getting harassed by the police / What has the fire department done to you / And stop them from putting out a fire [I: uh huh] that could burn down your whole house?"这几句里的"you"指谁？阅读全部语料，讨论所有的"you"都指谁，并指出"you"总体是如何发挥作用的（有时候"you"的所指可能比较模糊）？这些与社会产品有什么关系？

3.14 连接构建—工具

连 接

我们可以看到，世界上的事物以许多不同的方式彼此连接、彼此相关（或不相关）。我们使用语言使事物相互连接或断开连接，彼此相关或不相关。如果我说"国王和王后死了"，我把两个人的死亡看成是同时的，或至少不强调他们之间的时间差异。如果我说"国王死了，然后王后也死了"，我的意思是王后的死与国王的死有关。如果我说"国王死了，然后王后死于悲伤"或"王后死了，因为国王死了"，我把二者的连接明确化了。

世界上有些东西确实是相互连接的，比如，吸烟真的会导致癌症。然而，我们仍然可以在不同的语境中用不同的方式来处理这样的连接。请看下面的例句：

Lung cancer death rates are clearly associated with an increase in smoking.

我们思考一下这句话是如何使用措辞和语法来建立连接的。短语"are clearly associated with"并不表明吸烟直接导致肺癌。它只是说两者是以某种方式相关或相联系的。这句话也没有说明谁吸烟患了肺癌，不论是吸烟者还是吸二手烟的非吸烟者。这里没有说明任何联系。我们也可以这么说："Lung cancer deaths of smokers and non-smokers (via second-hand smoke) are caused by increased smoking in a society"。这么说就明显不同而且连接更加直接。

有时候连接并不明确，因为说话者认为受话者可以自己推理出来。说话者把这种连接留给填充—工具。有时候，说话者想更好地操纵受话者思考特定的连接方式，以及受话者在头脑中建立的连接，所以他们说出了为了实现这些目标而不得不说的东西。

由此我们提出另一个构建工具。

工具 19
连接构建工具
对于任何交际，询问交际中使用的词汇和语法是如何建立或断开或忽略事物之间的连接的。总是询问交际中使用的词汇和语法如何使事物与其他事物相关或不相关或忽略彼此之间的相关性。

我们再看一个如何使用单词和语法来构建连接和使用连接构建—工具的例子。下面的句子出自科幻作家菲利普·K. 迪克（Philip K. Dick）的一次谈话（检索自网页）：

The basic tool for the manipulation of reality is the manipulation of words.
If you can control the meaning of words, you can control the people who must
use the words.

这句话首先连接现实和文字：文字是操纵现实的工具。但是操纵
现实的并不真的是文字。操纵文字才是说话者或写作者要做的事情。
第二句话连接词语和人：说话者或写作者可以通过控制词语意义来控
制人。他们不是通过控制这些人的非言语行为来控制他们，而是通过
控制他们使用的词语来控制他们。后来在他的谈话中，迪克明确表示，
人们被操纵使用的词语（他又加上了媒体中使用的图像）通过使人们
以某种方式感知现实和以某种方式表现来影响现实。

通过把第一句话中的"manipulation of reality"和"manipulation
of words"与第二句话中的"control the meaning of words"和"control
the people"配对，迪克设置了一个词语和现实之间几乎同牵线木偶
一样的连接。说话者和写作者拉线（操纵、控制），木偶（人）说出
他或她想让它们说的话。能够操纵词语或控制词语意义的人（迪克是
一个专业作家）把词语放入人的嘴巴，以此控制他们的感知和行为，
从而控制现实。

现在大概所有的说话者只要一说话就会操纵词语和控制意义。这
毕竟是语言的本质特征。迪克谈论的并非我们所有人都具备这一共同
特征，否则我们每次说话时都会控制现实、都会彼此控制，这样我们
就没有一个人会比其他人更强大。他的意思可能是，善于或熟练操纵
词语和控制意义的人是有能力控制他人和现实的人。在这个意义上，
迪克的句子特别要求说话（如，政治家）、写作（如，小说家）和制
图（如，媒体）等"专业"力量。

迪克创建的连接中有一个悖论。他建立了以下连接：操纵词语
（在行）→控制词语意义→控制他人的用词→控制他人的感知和行
为→控制现实。但是既然迪克告诉我们作家的这种力量——而他自己

也是作家——为什么我们不会认为他所说的或所写的只是为了操纵和控制我们呢？他现在不会是失去他的力量了吧？

迪克当然希望我们相信他。他的目标是其他操纵者：

... today we live in a society in which spurious realities are manufactured by the media, by governments, by big corporations, by religious groups, political groups—and the electronic hardware exists by which to deliver these pseudo-worlds right into the heads of the reader, the viewer, the listener.

但是，随后真正的问题就变成了我们怎么知道我们什么时候被操纵，什么时候不被操纵？迪克谈话中的现实（观点）是不是"虚假"的？在上面的引文中，迪克使词语（和图像）与操纵人之间的连接非常直接："deliver these pseudo-worlds right into the heads of the reader, the viewer, the listener"，没有提到读者、观众和听众的作用；没有强调人们思考、反思和拒绝消息的能力。因此，受众的推动作用被认为与迪克看到的文字和图像的工作方式无关。

与此同时，这种操纵观可以让我们以迪克读者的身份提出以下问题：如果我们同意他对现实的观点（这是一个引人注目的观点），那么，我们是经过深思熟虑而同意他，还是仅仅是因为迪克已经成了比他的敌人更好的语言使用者和话语操纵者而同意他？我们怎么知道？一个有趣的问题是，我们可不可以用不同的方法来建立词语、现实和人们的感知与迪克希望人们表现的行为之间的连接类型，以避免出现迪克为自己创造的困境。

阅读书目　Halliday, M. A. K. and Martin, J. R. (1993). *Writing science: Literacy and discursive power*. Pittsburg, PA: University of Pittsburg Press. [关于肺癌和吸烟的句子出自本书，p. 77。]

语法插话
衔接
8

在语法插话 4 中，我们谈论了小句整合成单独句子的方法。说话者和写作者要做的事情远不止把句子中的小句连接起来。他们还必须在整个口头或书面语篇中把句子连接起来。用来创建这种连接的语法手段被我们称为衔接手段（cohesive devices）。它们向受话者表明了语篇中句子之间的连接关系，而且它们也在一定程度上使语篇听起来像是"组织在一起"（连贯）的。

主要衔接手段有六种。下面一小段语言中有每种衔接手段（参考下面讨论的编号）的例子（注意第二句是垂直排列的）：

The Federal Government expected Indian Nations to sign treaties.

<u>However</u>, though	=	6
<u>most</u> of	=	2
<u>them</u>	=	1
had <u>in fact</u>	=	6
<u>done so</u>,	=	3
<u>the</u>	=	2
<u>Seminoles</u>	=	5
would not_____.	=	4

每一个编号的词汇或短语都是一个衔接手段，向受话者传递第二个句子是如何与前一个句子连接（或者如何连贯）的信号。下面，我列出六种主要的衔接手段，并表明每种衔接手段在这个例子中是如何呈现的。下面的数字与例句中使用的数字相吻合。

1. 代词。在例句中，代词"them"通过从第一句话中的一个短语中选择一个照应词的方法来连接前一句话（"Indian Nations"）。

2. 限定词和量词。量词"most"通过指明我们现在谈论的是前一句话中谈论的整体（"Indian nations"）的一部分（"most"）的方式来连接前一句话。"Seminoles"前的限定词"the"通过指明它所属的信息（"Seminoles"）是假定可以根据前一句话来预测或知道的信息的方式来连接第一句话。在这个例子中，这一信息可以预测，这是因为前一句话提到了印第安民族，而赛米诺尔族也是一个印第安民族。

3. 替代。"done so"是一个假短语，用来替代（代表）前一句话中的"签协议"。这不但使我们可以不重复这一信息，而且表明了第二句话与前一句话是连接的。

4. 省略。"would not"后面的空白表示这里的信息由于完全可以从前一句话中预测出来而被忽略（省略）掉了（这一信息是"签署一项协议"）。由于我们需要通过前一句话来重构这一被忽略掉的信息，因此省略也是一种连接手段。

5.词汇衔接。由于赛米诺尔人是印第安人，因此"Seminoles"一词与"Indian"有着词汇上的联系。两个句子之间的连接是由于它们都包含在某种意义上相关的词语。词汇衔接可以包括词语的完全重复或者意义相关的两个词语的重复。

6. 连词、连接副词和其他类似连词的连接词。"however"一词表明听者是如何使第二句话与第一句话建立联系的。它表明，两个句子之间是一种反义关系。"in fact"也为第二句话与第一句话建立了连接，但连接的方式非常不明显，很难描述，可能在很多情况下只有说本族语者才能安排得恰到好处。与这一类别相关的是"话语小品词"，比如"so"和"well"也有助于把句子连接在一起，组成"听起来"是在一起的语义上相关的句子链。

我们来看看下面的文本中衔接是如何发挥作用的：

Also secure, by 1689, was the principle of representative government, as tested against the two criteria for valid constitutions proposed in the previous chapter. As to the first criterion, there was a genuine balance of power in English society, expressing itself in the Whig and Tory parties. As narrowly confined to the privileged classes as these were, they nonetheless represented different factions and tendencies. Elections meant teal choice among separate, contending parties and personalities.

作者在这段话中用了大量的词汇和语法衔接手段。他在第二句话中使用短语"as to the first criterion"（主位位置）来连接第一句话中的"two criteria"。在第三句话中，他在位于主位位置的小句（"As narrowly confined to the privileged classes as these were"）内部使用一个代词（"these"），在主句的主位位置又使用一个代词（"they"）来回指前一句话中的"the Whig and Tory parties"。他的关于选举的最后一个句子没有任何明确的方式与前一句话连接（事实上，"elections"一词出现得相当突然），例如，作者没有使用任何像"and therefore"之类的逻辑连接词。

　　然而关于选举的最后一句话是通过（单词级的）词汇关系连接的。"elections"一词与前面句子中的"different factions and tendencies"，"the Whig and Tory parties"，"balance of power"，"valid constitutions"和"representative government"等短语中的词汇属于同一语义（意义）家族（这些单词和短语都是关于执政和政府的）。这使"elections"与这些句子产生了连接。作者似乎是想通过这种策略暗示他关于选举的声言——即它们构成一种"real choice"——非常直接地来自他前面说过的意义。他认为他关于有意义选举的声言没有必要与前面的句子建立更明确的逻辑连接。他把它看作几乎是对前面句子的一种重述，尽管吹毛求疵的读者可能会担心这些选举在"privileged classes"内部（对谁）是多么地有意义。

　　由此，我们引入另一个语法工具。

　　　对于任何交际，提出这样的问题：衔接手段在这篇文章中是如何连接信息的？是以什么方式连接的？这个语篇如何无法连接其他信息？说话者用这样的衔接手段想传递什么信息、实现什么目标？

工具 20

工具｜衔接

────── **练习任务 29** ──────

　　思考下面的话语。这段话来自参加我们已经讨论过几次的历史项目的一位中学老师。她应该把地图带到会议上，这样与会人员可以共同计划让学生研究哪些社区：

> I do have all the maps //
>
> Unfortunately, my source said that the city of Middleview no longer has any of the big ones//
>
> They're not being printed //
>
> I do have three or four //
>
> 讨论说话者是如何使用衔接手段把她的小句和句子连接成完整的话语的。检查每个句子中的每个单词（包括省略的），看看每个单词是否发挥了衔接作用。

练习任务 30

下面的文本来自一位年轻的女精神分裂症患者。她在给治疗师讲一个故事，说她小时候多么喜欢马，她如何在一个营地照看马（所以营地里其他女孩子把她和马联系了起来）：

1. That was at summer camp / Camp Quonset / a girl's camp I worked at //
2. And all the other girls my age / they were rich //
3. They were all going to camp there //
4. And they / uh most of them were sort of afraid of horses //
5. So I couldn't get to be very friendly with them / where they wanted to come around / and hang around with me or anything/ because they were more or less afraid //

假设每个编号行是一个句子，讨论这个交际中的衔接。在句（5）中"afraid"之后用的什么衔接手段？这里有一个关键的歧义，它是什么？你认为为什么会有歧义？说话者是用这种衔接手段制造了这一作为交流形式的歧义吗？

阅读书目

Halliday, M. A. K. and Hasan, R. (1976). *Cohesion in English*. London: Longman. [本节开始时引用的例句及对其进行的讨论均出自该经典著作。]

Halliday, M. A. K. and Hasan, R. (1989). *Language, context, and text: Aspects of language as a social-semiotic perspective*. Oxford: Oxford University Press.

3.15　使用连接构建—工具

在本节，我将给你提供一些语料，你可以使用连接构建—工具分析这些语料。人们说话和写作时，总是同时使用七个构建任务中的几个或全部。我们话语分析者也必须经常使用七个构建工具中的几个或全部。因此，在使用连接构建—工具时，思考如何应用你到目前为止学过的所有构建工具来分析这些语料。记住，衔接只是标记连接的一种方式。还有很多其他方式（只是它们不像衔接那样落入这种整齐的语法系统里）。请尽可能多地注意这些连接标记。

---------- 练习任务 31 ----------

我们将再次讨论我们在第 1.6 节和本书其他部分讨论过的历史项目中的语料。该项目成员包括一个历史学家、一个教育研究员、几个本科生和几个当地中学教师。历史学家（萨拉）和教育研究员（阿瑞尔）还带来两个课程顾问以帮助她们与教师合作规划课程。在一次会议上，教师对申请项目赞助时没有咨询她们而表示不满。如果拨款申请成功，萨拉要让她们班上的学生参与该项目（见第 3.11 节中简说的话）。目前项目进展一片混乱，其中一位课程顾问在做辩解，试图捍卫该项目。她的一部分发言转写如下：

1.There's a there's a big complicated process /

2.Of working through the materials /

3.Figuring out how to teach it //

4.Which is called curriculum development //

5.And that's what we're involved in now /

6.And it's very murky /

7.And it's very complicated /

8.And we we don't know where we're going /

9.But that's an innate part of curriculum development /

10.Unfortunately /

11.Especially when you work with a group of people /

12.And you're not just doing it yourself //

13.Um so/

14.And that's where Sandy and I were hired /

15.As sort of the hired guns /

16.To come in and help facilitate it/

17.Because we know you don't have the time//

18.Um and and um Sara and Ariel /

19.Didn't don't have the experience /

20.Of working in the classroom /

21.And they teach in a different structure /

22.Which is very different //

23.And so /

24.So we're there as the helping hands to give you /

25.To to help you where you need /

26.And to act as sort of the interpreters /

27.And the shapers/

28.But in response to what is necessary //

29.I mean /

30.We're not coming in to do something that we want to do //

31.We're trying to facilitate what you want to do //

问题：

1. 这个说话者（项目的课程顾问）在建立什么类型的连接？她想和教师之间建立什么类型的连接？她和两位学者（萨拉和阿瑞尔）之间呢？她和课程开发之间呢？教师和课程开发之间呢？两个学者和课程开发之间呢？

2. 说话者在句（12）坦言，萨拉和阿瑞尔是大学教授，她们也给她们的大学生上课。那么在句（19）和句（20）她为什么说萨拉和阿瑞尔没有课堂教学经验呢？为什么"classroom"一词只

用来指中学教师的课堂而不是大学教授的课堂？你认为说话者在
中学教师、大学教授和课堂之间建立了什么连接？［请注意，我
们通常用"教师"来指非大学教师而用"教授"来指大学教师，"课
堂教师"似乎从来不是指在大学教学的人。即使我们说有人在"教
学型学院"教学而不是在研究型大学教学时，我们仍然称他或她
为教授，而不是教师。］

3. 在句（15）和句（16）中，说话者将词语选择从"give you"
切换到"help you"。为什么？这里有一种什么样的紧张关系？语
料中是否有其他迹象表明这种紧张关系？

4. 政治构建—工具如何应用于此语料？

———— **练习任务 32** ————

下面的语料来自一位大学教授在接受采访时表达她关于社会
中种族的看法。这位教授在开展历史项目的城镇的一所大学工作，
但与萨拉和阿瑞尔不在同一个学院。

采访者：...How, do you see racism happening, in society, let's put
it that way.

1. Um, well, I could answer on, on a variety of different levels // [I:
uh huh]

2. Um, at the most macro level /

3. Uum, I think that there's um, um /

4. I don't want to say this in a way that sounds like a conspiracy / [I:
mm hm]

5. But I think um, that um, basically that the lives of people of color
are are, are irrelevant to the society anymore // [I: mm hm]

6. Um, they're not needed for the economy because we have the
third world to run away into for cheap labor // [I: uh huh]

7. Um, and I think that, that the leadership /

8. This country really doesn't care if they shoot each other off in the
ghettos / [I:uh huh]

9.Um, and, and so they let drugs into the ghettos /

10.And they, um, they, let people shoot themselves /

11.Shoot each other /

12.And they don't have, a police force that is really gonna, um, work /

13.And they cut the programs that might alleviate some of the problems //

14.And, um—

15.So I think there's /

16.That it's manifested at, at the most, structural level as, um, you know, a real hatred, of, of, of uh people of color // [I: uh huh]

17.And, and it's shown, in, the cutbacks and so forth //

18.And, um, I think that um, that, it's it's reflected in, in the fact that, they're, they're viewed as, expendable/ [I: mm hm]

19.By our leadership //

20.Um, and so I think, I see cutbacks in programs as just a, an example of, of a broader / [I: mm hm]

21.You know, sense, that,that, from the point of view of, of those in power /

22.People of color are expendable / [I: uh huh]

23.And, and irrelevant //

问题：

1. 这个说话者是如何建立（看待）"people of color"，"society"，"third world" 和（这个国家的）"leadership"之间的连接的？

2. 说话者在句（4）说："I don't want to say this in a way that sounds like a conspiracy"，她为什么这么说？她说的话听起来像是在耍阴谋吗？连接在所谓的"阴谋论"中是如何发挥作用的？

3. 采访这位教授的和在第3.13节（使用政治构建—工具）采访中学教师的是同一个人。请回到第3.13节并阅读其中的语料。谁给了他们在访谈中所谈论的人（比如，采访教授时的"people of color"，采访教师时她的工人阶级学生和他们社区的居民）更

多的介入？教授和教师如何以不同的连接方式看待世界？即使他
们在同一个城市生活和工作，采访者仍然问教授如何看待社会上
的有色种族，问教师是不是在课堂上讨论过种族和阶级问题。为
什么对不同的人提不同的问题？你对此感到惊讶吗？这如何帮助
受访者形成答案和建立连接？

3.16　符号系统和知识建构—工具

我们使用语言构建（或优待）或诋毁各种符号系统（交际系统）
和认识世界的不同方式。语言的种类有很多（如，西班牙语、俄语、
英语等）。每种语言也都有许多变体（如，不同的方言以及律师、生
物学家和街头艺人的语言等）。有的交际系统不是语言（如，方程、
图表、图像等）或至少不只是语言（如，街舞、诗歌、图文广告等）。
这些都是不同的符号系统。

所有这些不同的符号系统对于使用它们或至少根据它们来界定自
己身份的人来说都具有重要的意义。我们往往与自己的方言有着深刻
联系并致力于推行自己的方言。律师就要像律师一样说话；街舞艺人
热衷于街舞。甚至在美国什么时间什么地点可以讲西班牙语也有争论。
物理学家认为数学语言比英语等语言更适合于精确交流。

此外。不同的符号系统代表知识和信仰的不同观点，代表认识世
界的不同方式。正如我们所说，物理学家认为数学语言在创造和传播
有关物理世界的知识方面优于英语。诗人认为诗歌是一种认识和洞察
的更高层次。使用宗教语言的人也是如此。黑人英语使用者认为，有
一些东西用黑人英语比用标准英语更容易表达或感受。同样，西班牙

语和英语双语者也是如此，他们对不同的话题或情感可能偏爱使用其中一种语言。统计学家认为统计学是理解现实的深刻方式，而一些定性研究者不这么认为，至少他们认为统计学语言已经远远地偏离了我们对社会世界的理解。

我们人类一直在争论不同语言和其他符号系统的价值。我们也争论认识世界的不同方式。我们可以用语言来把某些符号系统和某些形式的知识和信念变得或解释得更好或更坏，变得或解释得与特定的语境相关或不相关，在特定的语境中有或没有优势。我们可以为一个符号系统或一种知识的建构方式建立特权或声望。例如，在招生办讨论扩招少数民族学生计划时，我的谈话和行动可以使律师的知识和语言与"日常语言"或"非律师的学术语言"相关或不相关（优于或不优于"日常语言"或"非律师的学术语言"）。

由此，我们引入七个构建工具中的最后一个，即符号系统和知识构建—工具。

工具 21
工具 符号系统和知识构建—

　　对于任何交际，询问使用的词语和语法是如何赋予或剥夺某种符号系统（如，西班牙语和英语、技术语言和日常语言、文字和图像、文字和公式等）或者以不同方式了解和相信或声称了解和相信的特权的？

符号系统和知识构建—工具与政治构建—工具明显密切相关。这是因为对语言、方言、符号系统和认识世界方法的掌握、使用和维护，对于"拥有"它们的人而言是社会产品。因此，当我们使用语言来构建或摧毁这些社会产品时，我们是在参与构建关于社会产品分配的观点的政治。但是语言、符号系统和认识世界的方式对于人类来说至关重要，我们把它们看作人们在日常世界中进行协商、竞争的特别重要的社会产品。

　　现在我们分析一些应用符号系统和知识构建—工具的语料。思考以下同一位生物学家就同一个话题写的两段话。第一段摘自专业科学期刊；第二段摘自科普杂志（如，《国家地理》[National Geographic]、《自然历史》[Natural History] 等）。这些例子反映了专业科学写作中的两种主要风格。每种风格使用不同种类的语言，并代表一种认识世界的独特方式。

　　1.Experiments show that Heliconius butterflies are less likely to oviposit on host plants that possess eggs or egg-like structures. These egg-mimics are an unambiguous example of a plant trait evolved in response to a host-restricted group of insect herbivores.

　　2.Heliconius butterflies lay their eggs on Passiflora vines. In defense the vines seem to have evolved fake eggs that make it look to the butterflies as if eggs have already been laid on them.

　　我们可以思考这两个文本之间的差异。第一段摘录发表在专业科学杂志上，是关于进一步理解生物学一个子学科中的概念的。这段话的语言是经过精心组织的——目的是证明和支持生物学领域的某些观点。第一句话的主语是"experiments"，是自然科学研究的方法论工具。第二句话的主语是"these egg-mimics"。请注意植物的组成部分（"These egg-mimics"）不是根据植物自身命名的，而是根据它们在自然选择和进化中发挥的作用而命名的，即捕食者和猎物的"共同进化"（也就是说，捕食者和猎物在长时间共同进化中相互作用、彼此塑造）。还请注意，"模拟卵"（"egg mimics"）是形象描述相关植物特征的"典型例子"，作者通过这一语言学手段强调了"实验"的重要性。

　　进一步审读这个文本发现，蝴蝶被称为寄生的植食性昆虫。既指向寄生植食性昆虫科学方法的一个方面（如，"experiments"），又指向理论逻辑（如，"egg-mimics"）。任何赞同共同进化理论的科学家都面临着这样一个困难，即当大多数植物都受到多种动物的攻击时，我们如何证明植物特性和捕食者之间的因果联系。为了解决这一难题，他们使用的核心方法是研究受到一种或几种捕食者（如，纯蛱蝶）猎捕的植物群（如，西番莲藤）。"寄生的植食性昆虫"既指出作为共同进化理论核心的植物与昆虫之间的关系，也指出在彼此限制的植物和昆虫之间进行选择的方法技巧。由此看出，第一段摘录关注的是解决一个特殊问题、扩展生物学知识，文本的语言经过精心组织可以传递这些信息。

第二段摘录发表在一本科普杂志上，关注的不是方法和理论，而是自然界中的动物。科学家为科普杂志撰稿，普及科学知识，激起民众对科学工作的支持。为了实现这一目标，他们同样需要精心组织语言。第二段摘录中的语言关注的是自然界本身，而不是科学活动。第一句话的主语是"butterflies"，第二句话的主语是"the vine"。与第一个文本不同，蝴蝶和藤蔓都以自身为标签，而不是根据它们在某一理论中的作用而命名的。第二段摘录是关于昆虫和植物斗争的故事。这种斗争显然对科学家训练有素的眼光来说是一目了然的（而不是像第一个文本那样需要通过巧妙的实验进行推论）。植物和昆虫成了有意的动作者：植物在采取行动，实施防御；对于昆虫来说，事物有特定的呈现方式，于是它们被表象欺骗了。有时人也会这样。

有趣的是，这两段摘录反映了科学家和自然之间关系的历史性转变。在生物学历史上，科学家与自然的关系从讲述直接观察自然（如，科普杂志上的摘录）的故事向实施复杂理论证明的复杂实验（如，专业期刊上的摘录）逐渐转变。这两个文本也反映了课程重点从强调直接观察的低年级基础科学向重视实验的高年级科学教育的转变。科学课堂上使用语言的学术性也从低年级的口语化、故事性语言转向高年级的学术语言。

因此，虽然这两个文本是同一个人写的，而且（在某种意义上）是关于"同一件事情"的，但实际上两者并不相同。两者都有独特的语言风格——每种语言风格都在不同的交际系统中使用（即，专业科学和大众科学）——都代表和偏爱一种不同但独特的认识世界和改造世界的方式。有趣的是，大众科普文本中认识世界的方式和语言风格恰好是具有专业学科身份的作者和他的学科认为是"错误"（可能会产生"误导"）的或"不成熟"的，因此应被丢弃的世界认识方式和语言风格。两个文本的构建考虑了两种不同的认识方式（理论驱动的实验方式与直接观察方式）和两种不同的语言风格（专业科学语言与大众科学语言）。

阅读书目

Myers, G. (1990). *Writing Biology: Texts in the social construction of scientific knowledge.* Madison: University of Wisconsin Press. [本节讨论的专业科学和通俗科学的段落均出自该书，p.150。]

3.17　使用符号系统和知识构建—工具

────── **练习任务 33** ──────

下面的语料仍然出自前述历史项目。课题小组曾经召开了一次长时间的会议，会上争论不休。上述第 3.11 节和第 3.15 节的语料也是来自这次会议。现在会议已经结束了，只有卡伦和简（两位教师）、乔（参与该项目的另一所中学的课程协调员）和萨拉（大学历史教授）仍然在场。他们在离开之前进行"小谈话"——不再谈论项目。

卡伦、简和乔都是米德维尔市本地人。他们的父母也是。萨拉是外地人，也是在外地接受的教育，只是在开展项目期间在米德维尔市的伍德森大学工作，现在已经又调到另一个州的一所大学去了。

阅读并思考下面的语料。然后回答后面的问题。

卡伦

1.My mother used to talk about in the 40s /

2.You'd hang around at Union Station /

3.And anybody would just pick you up /

4.Because everybody was going down to dance at Bright City /

5.Whether you knew them or not //

乔

6.Lakeside Ballroom //

简

7.Yeah definitely//

乔

8.My father used to work there //

简

9.And also, once you finally get into the war situation /

10.Because you have Fort Derby/

11.Everybody would get a ride in to come to Bright City/

12.To the amusement park //

13.So it was this influx of two, three cars worth of guys/

14.That were now available to meet the girls that suddenly were there //

萨拉

15.Well actually street, street cars had just come in in this /

16.And as I recall um from a student who wrote a paper on this/

17.Bright City and park was built by the street car company /

18.In order to have it a sort of target destination for people to go to /

19.And to symbiotically make money off of this //

简

20.Because once you got there /

21.You could take a boat ride/

22.And go up and down a lake /

23.And there were lots of other ways to get the money from people //

问题：

1. 萨拉构建和偏爱世界知识的方式与卡伦、简和乔有什么不同？他们是如何使用语言构建并偏爱他们获取世界知识的不同方法的？

2. 卡伦、简和乔获取知识的依据是什么？萨拉获取知识的依据是什么？

3. 在这种语境中，萨拉的话有可能有破坏性或过于粗鲁吗？为什么？

4. 你怎么看简对萨拉的话所做的评论？她的评论是针对萨拉的吗？简的话和萨拉的话是怎样建立连接的？简的话和之前卡伦和乔说的话是怎样建立连接的？

5. 在这场讨论中，萨拉在哪些方面处于劣势？

6. 你能看到这次"小谈话"中萨拉使用的语言风格（"社会语言"）和土生土长的米德维尔市居民有什么区别吗？

练习任务 34

双语教育在美国的几个州已经引起了争议。有些人认为，应该允许移民儿童在学习英语的同时用他们的母语学习课程（如，科学和数学）。其他人认为，移民儿童应该立即快速地学习英语，然后只用英语学习课程内容。

下面语料和问题的要点是研究如何表达关于语言的观点（包括你自己的观点）。关键问题不是要说服你接受双语教育或"纯英语"政策。如果你配合回答这些问题，请注意你是如何表达你的观点和尊重别人的观点的（当然，前提是你坚持每个人都可以公平表达自己的观点）。

在亚利桑那州，移民学生根据一项语言能力测试（亚利桑那州英语学习者评价——AZELIA）成绩分班。这些班上的学生每天接受四个小时的强制性英语技能训练。教和学不涉及学科课程内容，如科学或社会学课程等。学生在这四个小时的课堂上与以母语为英语的学生隔离。不允许双语教育。

选民投票通过了实施该政策的议案（议案 203）。以下是该议案的一部分：

英语是美利坚合众国的国家公共语言，也是亚利桑那州的公共语言……。移民父母渴望他们的孩子获得良好的英语知识，从而能够充分参与经济和社会进步的美国梦……。因此决定：亚利桑那州所有公立学校的学生应尽可能.快速有效地学习英语。

[2009 年 9 月 24 日检索自网页]

以下是亚利桑那州教育部制定的四小时强制英语学习政策：

一年的强化教学旨在提高学生的英语水平，从而把学生带入主流课堂学习，在学业上取得成功。语言技能是学习学科内容的前提。

[2009 年 9 月 24 日检索自网页]

最后，下面的语料是一位教师在接受采访时对这一政策表达的观点：

这是种族主义。公然的种族主义。再没有更好的词来形容它了。公然违反 [美国宪法] 第 14 条修正案。这样的政策是专门孤立移民美国的儿童的。说明了什么？如果你是移民，你就要进这个班。并且，说没有时间教他们科学和社会课程是违反宪法第 14 条修正案的。这纯粹是种族隔离，因为在这个班上你不给这些移民儿童提供和英语本族语者同样的受教育机会。（语料来源：海内克·A. J.（2009），"英语学习

者的教师话语：语言与学习的文化模式"，亚利桑那州坦佩市玛丽·楼·富尔顿教育学院未发表的博士论文，p. 162）

（Heineke, A.J [2009] *Teacher's discourse on English language learners: Cultural models of language and learning.* Unpublished doctoral dissertation. Mary Lou Fulton College of Education, Tempe, Arizona, p.162）

问题：

1. 前两段摘录中的语言是如何构建与移民儿童及其父母相关的英语观点的？这一观点是什么？

2. 不把话说完——保持沉默——可以让你说出来的话被特殊对待，因为你没有说出来的信息可能使受话者或读者对你的观点有不同的看法。第三段摘录的教师的话把前两段摘录中没说出来的东西说了出来。是什么东西？它们如何改变了（如果有改变的话）读者对前两段摘录可能会做出的反应（如果这个读者记着了这些没有说出来的信息的话）？

3. 许多人认为，在一个全球化世界中，所有儿童都应该至少懂两种语言，包括口头的和书写的。语言学习技能被视为21世纪全球化世界的一项重要技能。这一点在以上三段摘录中都没有提到。你可以把它想象成一项州政策。如果你接受关于双语和双语教学在全球化世界中的重要性这一说法，你对以上摘录的反应会有什么变化？

4. 上面第二段摘录中说语言技能是学习学科内容的前提。很明显这里说的语言技能是英语语言技能。那么，为什么不直接说英语语言技能呢？如果语言技能是学习学科内容的前提，那么为什么不用其他语言教授学科内容，比如在说西班牙语的儿童学习英语的同时对他们采用西班牙语教授学科内容？让这些孩子获得西班牙语文化不也同样是双语和双语教学吗（在全球化世界来看也一样是好事情啊）？这是文本中的矛盾吗？为什么？

5. 很明显，对某些事情保持沉默——将移民儿童与英语为母语的同龄儿童隔离，而这些同龄儿童恰好是移民儿童学习英语的典范；移民儿童没有和其他儿童一样接受学校课堂教育；移民儿童没有用他们的母语获取知识也没有学习一门以上的语言——是前两段摘录中增强构建纯英语教学政策重要性的手段。如果读者不思考没有说出来的内容，这两段摘录听起来很有说服力，也很"自然"。问题不是你应该对双语或纯英语教学持什么观点，而是你如何以公平可信的方式来捍卫你的观点。现在在假设对以上问题不保持沉默，请写一篇关于语言学习政策或移民儿童学习目标的简短政策说明。你的文本是如何使用语言构建关于作为社会产品的语言和语言相关方面（如，语言知识）的观点的？

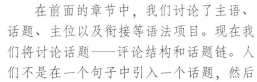

语法插话
话题流或
话题链
9

在前面的章节中，我们讨论了主语、话题、主位以及衔接等语法项目。现在我们将讨论话题——评论结构和话题链。人们不是在一个句子中引入一个话题，然后就放下了。他们通常会持续谈论同一个话题。此外，切换话题时，必须以某种方式发出信号。

当一个说话者在接前一个说话者的话轮时，第二个说话者往往要么继续谈论前一个说话者的话题，要么在引入一个新话题之前至少以某种方式连接或涉及该新话题。当一个说话者或第二个说话者继续谈论同一话题时，我们会说他们的谈话"在题"。当他们切换话题，但尝试以某种方式将新话题与旧话题相关联时，我们会说他们是在"按话题"谈话。

英语小句和句子通常有一个话题——评论结构。主语通常位于句首位置，既是话题又是主位（如果主语前面还有其他成分，那主语前面的成分就是主位，而主语只是话题）。主语后的成分是评论，即关于主语的话语。通常，主语 / 话题是旧信息，即已经谈过的信息或说话者认为受话者已经知道的信息。通常，评论是新信息或至少包含新信息。新信息是推动交际发展的信息，受话者事先不知道或说话者认为受话者事先不知道。我们在关于语调的语法插话 3 中指出，小句中（标明小句信息

焦点）的主要音高变化的位置决定什么成分构成新信息，而且
这一位置通常在评论部分。

当然，我们引入一个新话题时，有些主语／话题也可能是
新信息。如果我们继续谈论这一话题，它就成了旧信息。所以，
我可以说"A unicorn is in the garden. It is really beautiful"。这
里的"a unicorn"是一个新话题、新信息（事实上，这个句子
全是新信息）。"it"是话题的继续，因此是旧信息或已知信息，
像"There is a unicorn in the garden"这样的结构有一个"虚主语"
（没有意义的主语），把旧主语（"a unicorn"）移到了句子
的结尾。这是引入和强调作为新信息的话题的一种方式。像"It
is clear that John lied"这样的结构也是如此。我们也可以说"That
John lied is clear"，但主语／话题（"that John lied"）就显得
很重，主语位置上的新信息太多。因此，英语可以把这样的主
语移到句子结尾处，这也是新信息通常出现的位置。我们可
以称这样的结构（"There is a unicorn in the garden"，"It is
clear that John lied"）为话题移位结构，因为正常主语／话题
不在句首位置，而是被移到了句尾位置。

思考下面一段书面话语。这段话出自一位墨西哥裔美国学
者撰写的一篇关于玉米卷饼是否属于三明治的一场法庭辩论的
论文（理查德·鲁伊斯，"玉米卷饼的本体状态"，2008，亚
利桑那托斯卡纳亚利桑那大学未发表的论文）（Richard Ruiz,
"The ontological status of a burritos," 2008, unpublished paper,
University of Arizona, Tuscan Arizona）。我给每个句子都进行
了编号和分行，以方便阅读。我给主句主语／话题都画了线。
它们是交际中最凸显的话题。我也给嵌入句和从句主语加了粗。
它们是不太凸显的话题，有点儿像次话题。有三个句子（句 2，
5 和 6）中包含大量新信息的笨重主语／话题已经移位。

第一段：

1.A few months ago, <u>A JUDGE IN MASSACHUSETTS</u>
declared that a burrito was not a sandwich.

2.It is not clear <u>WHAT **HIS CREDENTIALS** WERE TO MAKE THIS
DECISION</u>.

3.HIS NAME does not lead me to conclude that **he** had the kind of intimate personal experience with Mexican food that **I and many others like me** have had, although **I** fully acknowledge that **names** are not **a good way** to determine national origin.

4.(I went to school with a **Mexican-American** named Plunkett and **I** work with a **Puerto Rican** who counts schwartzkopf as one of his family names.)

5.THE JUDGE'S DECISION was explicitly legal, but IT still brings **us** to question **what social and cultural considerations** might have gone into this determination.

第 2 段：

6.It is not new THAT **JUDGES AND COURTS** DECIDE QUESTIONS FOR WHICH **THEIR BACKGROUND** MAY BE DEEMED INADEQUATE.

7.SOME OF THESE DECISIONS are much more important than resolving the ontological status of burritos.

8.In 1896, A COURT decided that **a law** requiring **Black and White people** to use separate public facilities was constitutional.

9.THE PLAINTIFF was Homer Plessy, a **man** who was one-eighth Black.

第一段以"a judge in Massachusetts"为话题。不定冠词"a"告诉我们这个话题是新的未知信息（如果被认为是已知信息，作者就会说"the judge in Massachusetts"）。第二句话有一个形式主语"it"，把真正的主语"what his credentials were to make this decision"转移到句尾。"his credentials"是这个嵌入小句的主语/话题(这个小句本身是一个转移的主语)。在"his credentials"中，"his"回指"a judge in Massachusetts"。句(3)的话题是"his name"，"his"再次指向法官。这样，我们就得到了一个话题链："a judge in Massachusetts" → "his credentials" → "his name"。这几个话题都是关于法官的。这个指向法官的话题链创造了一个连贯意义，即这段话是关于同一件事情的。

句(2)中的移位话题结构是引入"他有什么资格做出这

样的判决"作为话题和重要的新信息的一种方式。事实上，这
是整个段落围绕的中心思想。这个段落是关于该法官缺乏文化
资格而作者恰好具备这样的文化资格的。

然后，括号里的句（4）是一个旁白。这句话有两个并列
小句（两个小句都是主句），两个小句的话题都是"I"。这
两个"I"话题承接上一句中多次提到的作者自己。事实上，
句（3）中的从属句和嵌入句中有一系列"I"主语，这样"I"
就构成了一种次话题。其实，作者是试图在法官和自己之间做
一个比较和对比：

...that **I and many others like me** have had

although **I** fully acknowledge

that **names** are not

a good way to determine national origin

(**I** went to school with a **Mexican-American** named Plunkett
and **I** work with a **Puerto Rican** who counts Schwartzkopf as one of
his family names).

句（5）也是由两个并列句组成的。第一个小句的话题是
"the judge's decision"，第二个小句的话题是代词"it"，回
指第一个小句的话题。所以，在句（4）旁白之后，我们又回
到以法官作为总话题的一段。句（5）中的嵌入话题"social
and cultural considerations"是新信息，以从属句的方式引入在
文章后面将被凸显的话题。

在这一段中，作者说的是关于质疑法官资格的事情，特别
是他的文化资格。该段的一个次话题是关于作者本人（"I"）
的。关于自己，作者说的是他作为墨西哥裔美国人的文化资格
的事情，而他这个墨西哥裔美国人在像美国这样的世界大国是
有良好文化修养的人。这样，他把自己的文化能力与他怀疑那
位法官缺乏这种能力相提并论。

在第二段，作者想把话题从法官转为一系列法院裁决。他
这样做是通过使用一个转移的主语结构："It is not new <u>THAT
JUDGES AND COURTS</u> DECIDE QUESTIONS FOR WHICH **THEIR
BACKGROUND** MAY BF DEEMED INADEQUATE"。这样他引入
了嵌入小句"that judges and courts decide questions for which their

background may be deemed inadequate"作为重要话题和新信息。事实上，这一话题是整个下一段的话题。这一嵌入小句的主语 / 话题（"judges and courts"）回指第一段的话题（"the judge"），因此，谈话是"遵守话题"的。

句（7）的主语 / 话题是"some of these decisions"，通过"decide" / "decisions"的关系与前文"that judges and courts decide questions for which their background may be deemed inadequate（法官和法院裁决不当）"建立联系。作者然后列举了几个裁决（我只引用了一个）的例子，说明由于法院缺少文化敏感性，它们做出的裁决带来的后果比卷饼带来的后果更严重。句（8）的话题"court"和句（9）的话题"plaintiff"与"some of these decisions"形成话题链，因为法律裁决涉及法院和原告。因此，我们得到另一个话题链，使该段落成为一个连贯的统一体。

作者既控制话题流或话题链，又清晰地引入新信息话题，帮助读者集中注意力。应该清楚的是，话题链或话题流是建立衔接的一种形式。反过来，话题链或话题流也使用了我们在语法插话 8 中讨论的几种衔接手段。话题链把口头或书面文本的句子连接起来，帮助受话者在头脑中组织信息。

在做话语分析时，应该像我一样安排话题，因为话题流或话题链是说话者和写作者创造视角、控制受话者和读者注意力的一个主要方法。

由此，我们引入另一个语法工具。

工具 22
话题链｜话题流或话题工具

对于任何交际，询问所有主句的话题是什么，以及这些话题是如何彼此链接，创造（或不创造）话题链的，为一段口头或书面语篇创造总话题或关于某事的连贯性的。从属句和嵌入句中的话题代表从属于主句话题链的不那么凸出的话题，但有必要询问这些话题是如何与主句话题链形成关联的。还要询问人们是如何标识他们在切换话题的，以及他们是否通过链接前文的旧话题来"遵守话题"。同样，寻找话题转移结构，观察这种结构是如何使用的。

练习任务 35

　　下面是我们以前曾几次讨论过的历史项目的语料。我们在第3.17节中看到过这些语料。卡伦、简（两位教师）和乔（管理员）在米德维尔市的中学工作。他们出生在米德维尔，打算长期留在那里，也希望他们的孩子留在那里。萨拉是一位大学教授，她不是出生于米德维尔（也不是米德维尔所在的州），也不打算长期留在那里（她最终调到另一所大学发展事业去了）。

　　这段对话的话题和话题链是怎么安排的？话题和话题链的安排是如何传递身份感的？转移结构是怎么使用的？萨拉是遵守话题说话的吗（即与前面谈论的话题形成链接，或引入新话题时与前面的话题形成链接）？简在她最后的话轮中是通过链接萨拉的话题来遵守话题说话的吗？她是如何做的？

　　我已经为每个思想单元（音调单元）的主语／话题画了线。我没有考虑本身不构成音调单元的从属结构和嵌入结构的话题，也没有区分作为主句的音调单元和作为非主句的音调单元。句（13）和句（14）构成了一个复杂的移位话题结构（"it was ..." 是 "there was ..." 的一个口语版本）。句（23）是另一个转移的话题结构。在这两个地方，我都把没有说出来但可以理解的信息放在了括号里：

　　卡伦

　　1.<u>MY MOTHER</u> used to talk about in the 40s /

　　2.<u>YOU</u>'d hang around at Union Station /

　　3.And <u>ANYBODY</u> would just pick you up /

　　4.Because <u>EVERYBODY</u> was going down to dance at Bright City /

　　5.Whether <u>YOU</u> knew them or not //

　　乔

　　6.<u>LAKESIDE BALLROOM</u> //

　　简

　　7.Yeah definitely //

　　乔

　　8.<u>MY FATHER</u> used to work there //

简

9.And also, once <u>YOU</u> finally get into the war situation /

10.Because <u>YOU</u> have Fort Derby /

11.<u>EVERYBODY</u> would get a ride in to come to Bright City/

12.To the amusement park //

13.So it was this <u>INFLUX OF TWO, THREE CARS WORTH OF GUYS</u> /

14. [GUYS] That were now available to meet the girls that suddenly were there //

萨拉

15.Well actually street, <u>STREET CARS</u> had just come in in this /

16.And as I recall um from a student who wrote a paper on this /

17.<u>BRIGHT CITY AND PARK</u> built by the street car company /

18.In order to have <u>IT</u> [as] a sort of target destination for people to go to /

19.And [for the <u>STREET CAR COMPANY</u>] to symbiotically make money off of this //

简

20.Because once <u>YOU</u> got there /

21 <u>YOU</u> could take a boat ride /

22.And (<u>YOU</u> could) go up and down a lake /

23.And there were <u>LOTS OF OTHER WAYS TO GET THE MONEY FROM PEOPLE</u> //

阅
读
书
目

Erteschik-Shir, N. (2007). *Information structure: The syntax-discourse interface*. Oxford: Oxford University Press.

Smith, C. S. (2003). *Modes of discourse: The local structure of texts*. Cambridge: Cambridge University Press.

Van Dijk, T. A. (1980). *Macrostructures: An interdisciplinary study of global structures in discourse, interaction, and cognition*. Hillsdale, N.J.: Erlbaum.

第四单元

理论工具

4.1 六个理论工具

我们现在转向六个理论（核心思想）工具。这些工具集中于语言如何与世界和文化建立联系。首先，我们将借鉴认知心理学关于意义如何运作的理论。我们将介绍"情景意义"的概念，并认为在特定语境中使用语言时，我们人类是在积极地构建"在线直播"意义。

第二，我们将借鉴社会语言学关于语言使用风格如何使人类执行不同类型的社会工作、促成具有不同社会意义的社会情景身份的理论。我们将介绍"社会语言"的概念，并认为任何语言（如，英语或俄语）都由许多不同的社会语言组成，每种语言都与特定社会和文化群体相关的意义和活动相关联。

第三，我们将借鉴文学批评理论，引入"互文性"概念。任何人说话或写作时，都会经常提及他人或各种文本（如，《圣经》）或媒体（如，电影）所说的话或所表达的思想。他们可能引用或只是提及别人的话。这意味着一个"文本"（这里的"文本"指任何一段口头或书面语言）提及或指向另一个"文本"（其他人说或写的话）。因此，如果我说"即使生活是甜蜜的悲伤，我也不想它被替代"，我是在引用莎士比亚的"爱是如此甜蜜的悲伤"，并把莎士比亚的话融入到我的"文本"。剽窃当然是一个极端的"盗窃性"的"互文性"参考（即，在一个文本中参考、引用或暗指另一文本）。

第四，我们将借鉴心理人类学关于人类如何创造和使用理论来赋予语言意义、彼此理解和理解世界的理论。在这里我们将介绍"图像世界"的概念。图像世界是不同社会和文化群体的人用来赋予世界意义的叙事和图像，是从特定的社会文化群体的角度来看"正常"和"自然"时事物运行的简化模型，其目的是帮助人们在事先没有充分思考的情况下处理生活和交际问题。

第五，我们将借鉴各种领域（文化人类学、文化心理学、社会语言学和哲学）关于意义如何超越人类思维和语言的理论，包括对象、工具、技术和人际合作网络等。我们将引入大写字母"D"的"话语"（即大写 D 话语）概念。大写 D 话语是通过语言整合行动、互动、信仰、评价和应用各种物体（包括我们的身体）、工具和技术等特有方式与他人协作，促成并识别不同种类的社会定位和重要身份的方式。

最后，我们将借鉴历史以及公共辩论和社会变革的本质。我们将引入大写"C"的"会话"（即大写 C 会话）概念。不只是人与人之间可以会话。大写 C 会话——不同种类的人在不同时期促成和识别不同的社会身份——使用人、文本和媒体在不同的时期执行具有不同意义的会话（辩论）。我以教授、（视频）游戏玩家、环保主义者（"绿色人物"）或作为婴儿潮时期出生的人的身份说话时，我的话与相对普遍熟悉的、在历史演变中被认可的话题、问题、辩论、争论和辩论中的不同方面等密切相关，并为之做出自己的贡献。

4.2　情景意义—工具

意义是一个非常复杂的概念。我们可以区分词语或话语具有的一般意义（有时称为"话语类型意义"）和在特定语境中使用时的具体意义（有时称为"话语符号意义"）。

当我们解释任何一种语言时，我们对如何正常使用语言都有一个普遍的期待。另一种说法是，语言中的任何词语或结构都具有一定的"意义潜势"，即词语或结构在不同的语境中可能具有的意义范围。因此，单词"猫"必须大致与猫科动物有关；"句子主语"在（句法）结构上必须大致与命名"正在谈论的内容"的"话题"有关。这是一般意义（话语类型意义）。这种意义与词语或结构通常使用的原型情景相连接。

这种一般意义是词典中的词条定义试图捕捉的意义。例如，单词"猫"的定义可以是：

　　1　A：作为宠物长期驯化的食肉性哺乳动物（学名 FELIS CATUS），用于捕捉鼠类。B：任何独居和夜间活动的食肉性哺乳动物家族（学名 FELIDAE）（如，家猫、野猫、狮子、虎、豹、猞猁等）。

[2009 年 9 月 24 日检索自维基百科]

没有人确切知道定义在我们头脑中是如何运行的，虽然心理学家和语言学家已经对此做了长期的研究。以上对猫的定义当然不是我们头脑中的典型定义。很少有人知道猫被归属于"Felis catus"，也不是每个人都知道猫是肉食性的（或"肉食性"是什么意思，即猫离开肉就无法生存，不只是偶尔吃些肉或喜欢吃肉）。我们头脑中的印象可能是下面事物的组合：这个词所指事物的典型图像或原型；我们知道（但不是所有人都知道）的信息和事实；该词的典型用法及其通常使用的语境的典型范围。

　　在任何情况下，我们只谈论"一般意义"，即一个词（或结构）的典型意义范围。典型意义范围是这个词的"意义潜势"或其代表的"意义资源"。当然，这种意义潜势或意义资源可以随着我们听到的这个词使用语境的增加或人们对这个词使用方式的变化而改变。

　　在实际使用情景中，词语和结构在意义潜势（或者与潜势范围相关的选项）中选择更具体的意义。这就是我所说的"情景意义"。比如，我们讨论动物物种时说"世界上的大猫都濒临灭绝"，在这种情景中，"猫"指的是狮子老虎之类的动物；我们讨论神话故事时说"猫在古埃及是神的象征"，在这种情景中，"猫"指的是作为象征的真猫或猫图像；我们讨论壁炉上的装饰品时说"猫破了"，在这种情景中，"猫"指的是一尊可以打碎的雕像。

　　现在我们再谈结构：虽然句子的主语在不同的应用情景中通常是"话题"（这是它们的一般意义），但主语承担一系列更具体的意义。在辩论中，如果我说"宪法只保护富人"，句子的主语（"宪法"）是声言中的一个实体；如果你的朋友刚刚到来，我迎接她说"玛丽在这里"，句子的主语（"玛丽"）是一个兴趣或注意的中心；如果在安慰朋友时说"你真的被那个家伙欺骗了"，句子的主语（"你"）是一个情感中心。这句话的主动形式——"那个家伙真的骗了你"——的正常主语被降级为被字结构的宾语，这也表明主语"你"是情感中心。

　　所以，词语不是只有一般意义。它们在不同的使用语境中以及在不同的专业领域中有不同的具体意义。在最普通的情况下也是这样。例如，请注意"coffee"在不同的话语情景中的意义变化："The coffee spilled, go get the mop"（这里的咖啡是液体）；"The coffee spilled, go get a broom"（这里的咖啡是颗粒）；"The coffee spilled, stack it again"（这里的咖啡在罐子里）。再如，日常生活中和物理学中"工作"一词的不同含义（如，在日常生活中我可以说我努力推车，但如果我的努力没有使车发生位移，从物理学上来讲，我就没有"工作"）。

　　在实际语境中，人们不只是像用字典一样在头脑中查找词的意义。他们知道一个词可能的意义范围，但他们也知道这个意义范围会随着新用法的出现而改变。人们必须在语境中主动"创造"（猜测）他们听到的词和短语的意义。通常这是一种常规活动，因为他们以前听到过这个意义。但有时候，如果人们在某些场合说了某些话，受话者就必须做更多的努力，积极地去寻找他们当时说的那些话的准确意思。

　　例如，如果有人说"猫漂走了"，在某些情景中，"猫"指的可能是一片"猫形云"。短语"你要从失火的房子中首先拯救的东西"在不同的语境对于不同的人意味着不同的事情（如，你会带走你的猫或名画吗？）。要知道它对你意味着什么，你必须考虑在失火和你自己生活的语境里你会给它赋予什么意义。在美国当前的政治辩论中，如果一个人说"美国在完成真正的竞选资金改革之前不会实现真正的民主"，他所说的"民主"一词是什么意思？

　　由此，我们引入我们六个理论工具中的第一个，情景意义—工具。

　　　　对于任何交际，询问词语和短语有什么情景意义。也就是说，在特定的语境和语境构建中，受话者必须给这些词语和短语赋予什么具体意义？

工具23
—情景意义工具

　　情景意义—工具很显然与填充—工具密切相关。它是我们根据语境填充的部分内容，也是填充过程中的一个特别重要的部分。实际语境中使用的词语和短语通常没有明确的词典意义。受话者必须根据所听到的其他话语和语境的其他方面来推理——猜测——它们的意义。我们话语分析者也是如此。创造意义不是一个"查找"过程。这是一个积极的过程。

情景意义的一个重要方面要切记。我们作为受话者定位词语和短语意义的一种方式是使用我们前期谈到的经验和知识。说话者必须推测会话中哪些经验和知识是共享的或足够共享的。如果你从来没有听说过竞选资金改革，对美国政治一无所知，那么你就不能定位"美国在完成真正的竞选资金改革之前不会实现真正的民主"一句话中"民主"的意义。

所有的话语都对人们的前期经验和知识做出了假设。说话者假设受话者具备一些经验和知识从而能理解他们。在这个意义上，任何话语，就其形成来说，都假设受话者是"适当的"或"可接受的"一种人（甚至可能是所有人）。我们在下面讨论图像世界和大写 D 话语时会更多地接触到语言的这一方面。

4.3 使用情景意义—工具

情景意义—工具让我们询问词语和短语在特定语境中的意义。在许多情况下，语境中词语和短语的意义是明确的，并且通常在这些词语和短语的正常和常规意义范围之内。但事实并不总是如此。我们需要注意的是，单词和短语被赋予非常微妙的情景意义。这种情景意义与说话者的世界观或价值观密切相关，或者与说话者假设、帮助解释或创造的语境特性密切相关（记住语境的自反性）。

在本节中，我们将分析一些使用情景意义—工具的典型例子。

───── **练习任务 36** ─────

"民主"一词典型的字典定义是"人民统治；一种政府形式，其中最高权力归属于人民，由他们或他们在自由选举制度下选举的代理人直接行使统治权"。这个定义很好地描述了我们所说的"民主"一词的一般含义。但是，"民主"属于我们所说的"有争议词"。人们对于什么样的政治制度才"真正"值得被称为"民主"颇有争议。人们使用这个具有细微差别意义的词来反映他们的观点和价值。

思考下面的引文。每段引文都使用了"民主"一词。首先，询问自己民主一词的定义，即它的一般意义是否适合引文中这个词的使用方式。然后指出民主一词在每段引文中的情景意义（该词的附加意义、内涵和细微差别）。每个作者赋予这个词什么具体含义？最后，作者使用"民主"一词的方式告诉你他或她的什么价值体系和政治观点？引文（4）来自以色列最高法院的一项裁决。请分析引文（3）中佩纳洛萨对"民主"的看法。

1.……但我相信 [米尔顿] 弗里德曼是正确的，对经济自由的彻底限制是背离**民主**的（2009 年 9 月 24 日检索自网页）。

2. 如果民主是创造允许人们赋予自身权力的过程，那么非法传播者 [经营非法无线电频道的人] 显然是这种过程的完美催化剂（Mason, M., 2008, *The pirate's dilemma: How youth culture is reinventing capitalism*. New York: Free Press, p. 47）。

3. 佩纳洛萨 [哥伦比亚波哥大市市长] 指出，"高质量的公共步行空间，特别是公园，是真正**民主**运行的证据"（Brown, L. R., 2008, *Plan B 3.0: Mobilizing to save civilization*. Revised and Expanded Edition. Washington, DC: Earth Policy Institute, p. 193）。

4. 这是**民主**的命运。在她的眼里并不是所有的手段都是被允许的，并不是所有敌人使用的方法都是对她开放的（*The Public Committee Against Torture in Israel v The State of Israel*, cited in Weisberg, J., 2008, *The Bush tragedy*. New York: Random House. pp. 181-182）。

―――――――― **练习任务 37** ――――――――

　　在美国亚利桑那州，移民儿童要参加一次英语水平测试。他
们根据测试成绩分级，接受每天四个小时的纯英语语言技能训练。
下面是一位教师在给英语水平测试成绩为"四"级的学生上英语
课。测试成绩超过四级的学生被认为是英语流利的，不需要参加
每天四小时的英语技能课。阅读以下教师的话，思考"gifted"的
情景意义。为什么她在"pretty advanced"，"pretty gifted"和"pretty
high"中使用模糊修饰语"pretty"，在"don't have gifted kids per
se"中使用"per se"一词？可以看出，这位教师在为"四级"
创造一个情景意义。这个情景意义是什么？我们可以根据学生说
他们本来还不太熟悉的语言的流利程度来判断学生是不是有天赋
吗？所有有天赋的人学习语言都很快吗？这位老师是怎么通过与
得分较低（因此不在她的班上）的学生进行隐性对比来为"gifted"，
"pretty gifted"，"pretty high"和"fours"创造情景意义的？

　　They're fours. So they're pretty advanced actually. They're pretty
gifted, not gifted. I don't have any gifted kids per se, but I think they're
pretty high. Like just when we were sorting out the whole second grade,
they're pretty high. They have a lot of their basic phonics and they've
been reading their books pretty well in the second grade text. (Heineke,
A. J [2009], *Teacher's discourse on English language learners:
Cultural models of language and learning.* Unpublished doctoral
dissertation. Mary Lou Fulton College of Education, Tempe ,Arizona,
p.119)

4.4　社会语言—工具

　　人们不会说任何"一般"语言。他们总是说一种特定的语言变
体（实际上可能混合了多种语言，例如英语和西班牙语），并且它

们在不同的语境中是不同的语言变体。社会和区域语言变体称为"方言"（参见第 1.1 节），如非洲裔美国人的英语，阿巴拉契亚英语，或美国不同地区的不同工作类别的英语。然而，这里的讨论将集中于我所说的"社会语言"（许多语言学家以类似的方式使用"语域"一词）。

要理解说话者所说的话，受话者需要知道说话者是谁。但是仅仅知道说话者是谁，如玛丽·史密斯，是不够的。我需要知道玛丽是以什么身份说话的。她是在以老师的身份跟我说话吗？还是一个女权主义者？一个朋友？一个同事？一个狂热观鸟者？一个政治自由主义者？还是许多其他可能的身份或角色？

受话者需要知道说话者是谁。我的医生说我有点儿"紧张"时，他是在以朋友的身份还是在以医生的身份跟我说话？当警察说"我想你应该移动你的车"时，她是在以警察的身份命令我把车移开呢，还是以同胞的身份给我提建议呢？

我把社会语言定义为"促成特定社会身份或与特定社会身份相关的语言（或混合语言）风格或变体"。所有语言，如英语或法语，都由许许多多不同的社会语言组成。社会语言是我们学习和使用的语言。社会语言包括医学语言、文学语言、街头帮派语言、社会学语言、法律语言、说唱语言或者朋友之间的饭后闲聊语言等。

即使在这些大类中也有次类。并不是所有类型的帮派成员或社会学家在以帮派成员或社会学家的身份说话时都是说一样的话。了解任何特定的社会语言是了解其特有的词汇和语法资源是如何结合起来构建特定的社会情景身份的（也就是说，在特定的时间和地点，成为律师、帮派成员、政客，文学人文主义者、实验化学家、激进女权主义者、或普通人等）。了解一种特别的社会语言是在我们不想或不能积极参与的时候要么能够"承担"特定的身份，要么能够识别这一身份。

　　方言也可以被视为社会语言。南方英语是一种标记自己为南方人的方式。非洲裔美国人的英语是一种（在某一特定的时间和地点）将自己标记为某种类型的非洲裔美国人的方式。

　　我来举两个例子，这两个例子我们在前面都已经看过。第一个例子是一位年轻女子对她父母和男朋友谈同一件事。她在饭桌上对父母说："Well, when I thought about it, I don't know, it seemed to me that Gregory should be considered the most offensive character"，但后来她对她的男朋友这样说："What an ass that guy was, you know, her boyfriend"。在第一种情况下，她在使用自己特有的词汇和语法资源来促成"一个本分、孝顺、聪明、有教养的乖女儿在和自豪的父母一起吃饭"的场景，而在另一种情况下，她促成的是一个"正在和男朋友亲近的女子"的形象。

　　另外请注意，我在这里使用的具体标签并不重要。许多社会语言没有名字，名字也不需要人们公开使用。使用特定社会语言的不同的人可能会使用不同的名字。但关键是，人们必须对谁在以某种社会身份说话有尝试性的、不明说的、有时又是有问题的想法。

　　第二个例子来自迈尔斯（Myers）1990 年的著作《生物学：科学知识社会建构中的文本》（*Writing Biology:Texts in the social construction of scientific knowledge*）。我们在第 3.16 节和第 3.17 节看到过这个例子。一位生物学家在一本专业期刊上发表的学术论文中写道："实验结果显示，纯蛱蝶不太可能在有卵或卵状结构的寄主植物上产卵"。同一位生物学家在一本科普杂志上就同一个话题写道："纯蛱蝶在西番莲藤蔓上产卵"。第一个版本使用特殊的词汇和语法资源，通过理论和实验操作，促成"一种专门处理确定性的专业适应主义生物学家"的身份。第二个版本使用独特的词汇和语法资源来促成"一位在观察自然界中的动物和植物的训练有素的观察者"的身份。

　　在任何社会语言中，由于说话者执行某一特定类型的"谁"——特定的社会情景身份——说话者还必须清楚他或她在做什么，他或她在执行适合于该身份的什么行动或活动。受话者不仅需要知道谁在说话，而且需要知道他们在寻求实现"什么"。因此，说话者总是使用社会语言来促成具体的行动或活动。

　　例如，受话者在听到医生说"你最近是不是会紧张"时，他需要知道医生是以医生的身份给他诊病还是以朋友的身份向他表示关心（或者仅仅是一个"小谈话"）。如果警察说"我觉得你应该把你的车移开"，我需要知道她是在礼貌地正式命令我还是只是以知情市民的身份在给我提供有用的建议。如果一位教授问学生"民主"是什么意思，学生需要知道这是在"考试"他（因此必须给出教授认为是正确的答案）还是在课堂讨论时询问他的观点。我们需要知道谁在说话，他们在做什么。

　　每种社会语言都有自己独特的语法，但有两种不同类型的语法对社会语言很重要，其中只有一种我们是在学校正式学习的。这种语法是传统的由名词、动词、曲折变化、短语和小句组成的语法单位集合。这些语法单位都是真实的，虽然在传统的学校语法中没有充分描述。我们称这种语法为"语法（1）"。

　　另一种——较少学习但更重要的——语法是一套"规则"，通过这些规则，像名词和动词、短语和分句等语法单位被用来创建表征或"指示"社会身份和社会活动特征的模式。也就是说，我们说话者和写作者设计我们的口头或书面话语模式，解释者可以以此给我们和我们的话语创建情景身份和具体活动。我们称这种语法为"语法（2）"。

　　这些模式被称为"搭配模式"。意思是，各种语法手段彼此"定位"。我试图命名的模式是语法（1）中许多不同"层次"的语法手段之间的"共同关系"（相关性）。例如，简对男朋友说的话"What an

ass that guy was, you know, her boyfriend"中，请注意非正式词汇如"ass"
和"guy"、模糊照应"that guy"、非正式插入语"you know"，以及非
正式句法手段"右移位"（即，让短语"her boyfriend"出现在句尾）。
这些模式一起表示这一话语是纯粹的非正式社会语言。

这里的情况很像选择穿衣搭配。我们从事某种活动时选择适合这
一活动的穿衣风格。例如，拖鞋、泳衣、背心、遮阳帽和太阳帽等"共
同定位"，以"表明"我们要做户外水上活动以及在这种情景中我们
承担的情景身份。

请看下面的例句，思考不同的词汇选择和语法结构模式是如何结
合在一起表明特定的社会语言的：

1.Hornworms sure vary a lot in how well they grow.

2.Hornworm growth displays a significant amount of variation.

第一句话是语言的土语风格，一种本土社会语言。以英语为母语
的人，无论说什么方言，（如果他们知道天蛾幼虫是长黄色触角的绿
色毛毛虫的话）都可以说出与这种句子同样好的变体。

第二句话是学术性社会语言。虽然每个母语者的语法都包含这
个句子使用的所有语法结构（如，名词化），但并不是每个说话者
都知道某种学术（和以学校为基础的）领域（我们以后称之为"大
写 D 话语"）的某些社会实践需要只能以这种方式组合表达出来。
这种知识是必须学习的，不是基于语言的任何生物能力获得的，就
像我们的土语知识一样。很明显，许多学生在努力获得句（2）中的
语言形式，但没有一个（如果是本族语者）会努力获得句（1）中的
语言形式。

而且，每个英语母语者都有一个包括句（2）使用的所有语法结构
的语法。所有这些语法结构有时也会用于土语形式。但是，要创造一
个句（2）这样的句子，你必须知道更多：你必须知道，在这种语言风

格中命名动态动词（如，"grow"和"vary"）通常变成命名抽象名词（如，"growth"和"variation"）；你必须知道，在这种形式的语言中不会使用像"sure"这样的情感标记词；你必须知道，在这种形式的语言中像"a lot"这样的模糊短语必须被一个更明确的短语如"significant variation"（其中"significant"一词在生物学领域有比较精确的定义）替代；你必须知道，这种形式的句子的主语往往不是简单名词（如，"Hornworms"），而是以名词化（如，"Hornworm growth"）来表达一个小句（即，"hornworms grow"）全部信息价值的抽象概念。最重要的是，你必须同时知道所有这些东西。事实上，你必须知道这些语言特征在这种语言形式中倾向于共同定位——模块化。

"社会语言"这一术语适用于特定的促成特定身份和执行特定实践或活动的语言变体。一个单一的书面或口头文本可以属于一种社会语言，也可以在两个或更多社会语言之间切换，甚至完全混合。

例如，请思考我们在第 3.7 节中看到的阿司匹林瓶子上的警告：

Warnings: *Children and teenagers should not use this medication for chicken pox or flu symptoms before a doctor is consulted about Reye Syndrome, a rare but serious illness reported to be associated with aspirin.* Keep this and all drugs out of the reach of children. In case of accidental overdose, seek professional assistance or contact a poison control center immediately. As with any drug, if you are pregnant or nursing a baby, seek the advice of a health professional before using this product. IT IS ESPECIALLY IMPORTANT NOT TO USE ASPIRIN DURING THE LAST 3 MONTHS OF PREGNANCY UNLESS SPECIFICALLY DIRECTED TO DO SO BY A DOCTOR BECAUSE IT MAY CAUSE PROBLEMS IN THE UNBORN CHILD OR COMPLICATIONS DURING DELIVERY. See carton for arthritis use+and Important Notice.

这个警告中有两种不同的社会语言或语言变体。第一个由以下句子组成：

Children and teenagers should not use this medication for chicken pox or flu symptoms before a doctor is consulted about Reye Syndrome, a rare but serious illness reported to be associated with aspirin. IT IS ESPECIALLY IMPORTANT NOT TO USE ASPIRIN DURING THE LAST 3 MONTHS OF PREGNANCY UNLESS SPECIFICALLY DIRECTED TO DO SO BY A DOCTOR BECAUSE IT MAY CAUSE PROBLEMS IN THE UNBORN CHILD OR COMPLICATIONS DURING DELIVERY.

这里的事物非常具体（如，"children or teenagers"，"this medication"，"chicken pox"，"flu"，"Reye Syndrome"，"aspirin"，"LAST 3 MONTHS"，"UNBORN CHILD" 和 "DELIVERY" 等），医生被称为 "doctor"，事情被强调对待（如，斜体，大写，"should not"，"rare but serious"，"especially important" 和 "specifically directed" 等）。

第二种社会语言由中间的句子组成：

Keep this and all drugs out of the reach of children. In case of accidental overdose, seek professional assistance or contact a poison control center immediately. As with any drug, if you are pregnant or nursing a baby, seek the advice of a health professional before using this product.

事物的名称更具普遍性和一般性（"this and all drugs"，"any drug" 和 "this product" 而不是 "this medication" 和 "aspirin"；"children" 而不是 "children and teenagers"；"pregnant" 而不是 "last 3 months of pregnancy"），没有提到医生，而是提到了一般的卫生专业（"professional assistance"，"poison control center"，"health professional"），除了 "immediately" 这个词之外，事情的处理方式都不那么强烈（这里用的是小写字体和不那么强烈的短语，如 "keep out of reach"，"accidental overdose"，"seek... assistance"和"seek advice"，而不是该警告其他部分使用的更直接的短语"should not"和"important not to use"等）。

这两种社会语言"感觉"不同。它们由不同的"声音"授权和发布，以实现不同的目的和效果。第一个像是律师在对潜在的法律问题和法庭诉讼做出回应。第二个像是具有相关知识的公司在以官方的权威和关爱口吻试图保护和告诫人们，特别是妇女和儿童，同时仍然强调阿司匹林与一般药物相比不是非常特殊或危险。

当然，这两种社会语言之间有一种张力。顺便说一句，第二种社会语言曾经是瓶子上的唯一警告（只是句子顺序略有不同）。而且，最近瓶子上该警告已经又改变了。

像所有的话语一样，这则警告反映了对公司的维护，或者换句话说，它反映了产生它的历史背景。在本例中，由于公司受到与雷氏综合征有关的起诉，公司便在原来更笼统更概括的社会语言中添加了一个新的、更严格更直接的社会语言。

阿司匹林瓶子上的警告信息是"多声"的。也就是说，它有"两重声音"，因为两个不同的社会语言交叉在了一起。当然，在不同的情况下，这种交叉可能会更加复杂，两个（或更多）社会语言会更加充分地结合在一起，更加难以分开。

我们现在引入我们的第二个理论工具：社会语言—工具。

工具24 ｜社会语言工具

对于任何交际，询问它是如何使用词汇和语法结构（短语、小句和句子）来表达和促成一种既定的社会语言的。交际可以混合两种或多种社会语言，或是在两种或多种社会语言之间切换。反过来，社会语言可以由来自一种以上语言的词汇或短语组成（如，英语和西班牙语的混合语）。

阅
读
书
目

Biber, D. and Conrad, S. (2009). *Register, genre, and style*. Cambridge: Cambridge Press. [拜伯开创了语料库语言学、文体和语域的研究。]

Gee, J. P. (2011). *Social linguistics and literacies: Ideology in Discourses.* Fourth Edition. London: Falmer.

Halliday, M. A. K., and Hasan. R. (1989). *Language, context, and text: Aspects of language as a social-semiotic perspective.* Oxford: Oxford University Press.

Hoey, M. (2005). *Lexical priming; A new theory of words and language.* New York: Routledge.[关于搭配的概念，请参见本书。]

Joos, M. (1961). *The five clocks.* New York: Harcourt, Brace and World.

Wardhaugh, R. (1986). *Introduction to sociolinguistics.* Second Edition. Cambridge: Blackwell.

4.5　使用社会语言—工具

练习任务 38

　　下面的文本来自一篇在儿童发展领域的杂志上发表的文章。阅读这段文本，并思考这种文本代表什么样的社会语言和身份。

　　The present study sought to clarify and extend previous work suggesting that physically abused children develop perceptual sensitivity to anger. First, we sought to further examine the ways in which physically abused children can regulate attentional processes when confronted with anger or threat. Second, because prior research suggested that physically abused children would be especially sensitive to anger, the anger-related stimuli presented to the children occurred in the background and were irrelevant to the child's purported task and not personally meaningful. This created a relatively conservative test of children's attentional regulation. The present data suggest that once anger was introduced abused children maintained a state of anticipatory monitoring of the environment. In contrast, non-abused children were initially

more aroused by the introduction of anger but showed better recovery to
baseline states once anger was resolved.(Pollak, S. D., Vardi, S., Putzer
Bechner, A. M., and Curtin, J. J. (2005). Physically abused children's
regulation of attention in response to hostility. *Child Development* 76.5:
968–977, see p. 974)

问题：

1. 列举能够区分这种独特社会语言的单词选择、语法结构和语法结构模式等方面的一些特征。

2. 这种类型的语言通常被称为"学术语言"。然而，学术语言有许多不同的种类（如，物理学语言、社会学语言和语言学语言等）。你将如何描述这种社会语言连接的学术领域？

3. 文本中的"not purposefully meaningful"的情景意义是什么？愤怒，即使不是直接针对这些受虐儿童的，但对他们来说仍然是有"个人意义"的。他们的感觉意义（情景意义）有"个人意义"吗？

4. 你会如何描述本文作者通过这种社会语言促成或表达的身份？

--- **练习任务 39** ---

在第 3.13 节，我们讨论了对一位中学教师采访的语料。正如我们前面所说，这位教师生活在一座曾经的蓝领工业城镇，城镇失去了很多工业，经济状况堪忧，就业机会少。那些在就业的人口工资很少，享受不到医疗福利。镇上的许多父母——黑人或西班牙裔——从事不止一种工作，以维持生计，那里失业率很高。

这位教师被问及是否曾经和她的学生讨论过社会问题。下面转写她回答的一部分。其中"I"代表采访者，括号中的文字是磁带录音听不清楚时猜测的。"[????]"是听不清楚的地方。

1.Uh so [what] you you need to do about job hunting /

2.You need to look the part // [I:mm hm]

3.You don't see anybody at any nice store dressed in jeans // [I: uh huh]

4.They're not gonna have a job if they do that // [I: uh huh]

5.And a lot of the kids question that //

6.uh I talk about housing/

7.We talk about the[????], we talk about a lot of the low income things //

8.I said "Hey wait a minute" /

9.I said, "Do you think the city's gonna take care of an area that you don't take care of yourself"？[I: uh huh]

10.I said, "How [many of] you [have] been up Saints Street"？

11.They raise their hands/

12.I say "How about Main Ave."？

13.That's where those gigantic houses are /

14.I said, "How many pieces of furniture are sitting in the front yard"？[I: mm hm]

15. "Well, none" //

16.I said, "How much trash is lying around"？

17. "None" //

18.I said, "How many houses are spray painted"？

19. "How many of them have kicked in, you know have broken down cars in front of them"？[I: uh huh]

20.I said, "They take care of their area" /

21.I said, "I'm not saying you kids do this" /

22.I said, "Look at Great River Valley /

23.They burn the dumpsters //

24.That's your housing area" // [I: uh huh]

25. "Do you know how fast that can JUMP into someone's apartment or whatever else"？

26.I bring up the uh, they have in the paper /

27.Probably about two years ago /

28.the uh police were being sued—

29.uh the fire department were being sued by a family that had a girl with asthma /

30.And the kids had lit the dumpster outside of their bedroom window /

31.And she had a severe asthma attack/

32.And the fire department would not come in /

33.So they couldn't get the police escort //

34.The fire department used to only go in with a police escort /

35.Because the people living there would throw bottles and cans at them // [I: uh huh]

36.And you know, again, the whole class would [????] //

37.I don't understand this //

38.Here is someone who's coming in here—

39.Maybe the police I could understand /

40.Because you feel like you're getting harassed by the police /

41.What has the fire department done to you/

42.That you're gonna throw bottles, rocks, cans at them? [I: uh huh]

43.And stop them from putting out a fire [I: uh huh] that could burn down your whole house? [I: uh huh]

44.Why do you burn the grass? [I: mm hm]

45.There's grass here that every single summer as soon as it turns green they burn /

46.And as soon as it grows back up they burn again //

47.Why do you do that?

问题：

1.这些语料中的大部分语言，至少在词汇选择方面，是教师的本土英语。虽然在同一项研究中接受采访的一些大学学者经常用学术语言或学术语言和本土语言的混合来回答问题，但这位教师的语言非常接近本土语言。并且，她在使用某种独特的说话风格（使用词汇和语法的模式）。她的话语风格是这个城镇上的一种"教师谈话"形式。她和这个城镇的其他教师经常使用这种风格。所以这其实不只是她的土语。你如何描述这个社会语言——指出这位教师使用的具体语言风格的特征。你认为这种风格的语言的功能是什么？这位教师用这种方式说话是想说和做什么？

2.我们采访的大学学者通常是根据他们的学科权威来说话的，所以在采访中被问及社会和政治问题时他们总是使用学术语言回答。在上述交际中，这位教师权威的来源是什么？

3.上述交际中"低收入人士"的情景意义是什么？

4.你如何描述这位教师通过这种社会语言促成或表达的身份？

练习任务 40

下面是一个网站上发布的一个十五岁女孩用电脑游戏《模拟人生》软件编写的故事。故事由（游戏中的）图片和文字（每张"幻灯片"中都有一幅图片和文字说明）组成。这个女孩写了和小说一样长的长篇故事，其中一个故事叫林肯高地（"LH"）。她有一个忠实的粉丝团在等待她发布故事的新章节：

2007 年 12 月 2 日，星期天

As u can see I gave my page a little makeover! I've had that old one for over a year! Needed a change! As 4 LH 1.3 I've got around thirty slides, working up to my usual 127! Patience is all it takes! I garentee it'll B out B4 Xmas though! ;)

<3 A

问题：

1.你将如何描述这种社会语言？指出具体的词汇和语法特征？其功能是什么？

2.你将如何描述这个女孩通过这种社会语言促成或表达的身份？

4.6 互文性—工具

我们说话或写作时，常常引用或提及别人所说的话。我在这里将用"文本"一词来指他人说过的话或写过的文句。当一个文本引用、直接或间接提到另一个文本（即别人所说的话或所写的文句）时，我们称之为"互文性"。我们可以扩展互文性的范围，涵盖对媒体（电视、电影、视频游戏等）的参考或影射，也将它们视为"文本"。

很明显，一个文本可以以多种方式引用、提及或影射另一个文本。一种方式是直接引用，如"有趣的是，鲍勃说'我永远不会放弃'，然后放弃了"。另一种方式是间接引用，如"有趣的是，鲍勃说他永远不会放弃，然后放弃了"。还有一种方式只是影射知情的受话者或读者意识到从其他来源获取的词语，如"即使生活是甜蜜的悲伤，我也不想它被替代"中的"甜蜜的悲伤"出自莎士比亚的"爱是如此甜蜜的悲伤"。如果我说"约翰与老板打架，就是大卫对抗歌利亚"，我只提到大卫和歌利亚（对于知情者来说），就足以说明我是在参考《圣经》中大卫用投石器击败巨人歌利亚的故事。这里，我的话（我的"文本"）提到（互文性参考）了《圣经》中的文本。

用与一种身份相关的社会语言风格写的文本和另一种不同身份相关的（社会）语言风格相结合时，会产生另一种类型的互文性。例如，《连线》（*Wired*）杂志曾经刊登一篇文章，题为《硅谷时代新面貌：科技工作向印度逃亡的速度比以往任何时候都快，你有问题吗？》（*The New Face of the Silicon Age: Tech jobs are fleeting to India faster than ever. You got a problem with that?*）（2004年2月）。"你有问题吗？"这句话使我们想起了曾经在很多电影中听过或在书中读过的"硬汉"语言。让我们感到好奇的是这种谈话出现在了科技杂志上。

最后，一个文本可以通过使用或模仿另一种文本或（社会）语言风格的语法或措辞，但不一定是具体词语，来引用或影射另一个文本或（社会）语言风格。例如，我可以用《圣经》中的散文体或抑扬格五步诗风格写信，从而"互文"了《圣经》或传统的英国诗歌，但内容截然不同。

由此，我们引入另一个话语分析工具。

工具 25
互文工具性

对于任何交际，询问如何使用词汇和语法结构（如，直接引用或间接引用）来引用、参考或影射其他"文本"（即其他人所说或所写）或其他（社会）语言风格。

阅读书目

Allen, G. (2000). *Intertextuality*. London: Taylor & Francis.

Bakhtin, M. M. (1986). *Speech genres and other late essays*. Austin: University of Texas Press.[本书有关讨论颇多，影响深远。]

Bauman, R. (1998). *A world of others'words: Cross-cultural perspectives*. Malden, MA: Blackwell.

Fairclough, N. (1992). *Discourse and social change*. Cambridge. Polity Press.

Fairclough, N. (2003). *Analyzing discourse: Textual analysis for social research*. London: Routledge.

Kristeva, J. (1980). *Desire in language: A semiotic approach to literature and art*. New York: Columbia University Press.

4.7 使用互文性—工具

本节我们将使用互文性—工具。在这里，你需要在一个文本中寻找与另一文本的任何"回应"，无论是直接引用还是间接影射。你也需要询问互文性是如何被用来参与我们的各种构建任务的。

───── 练习任务 41 ─────

以下语料摘自互联网上一篇关于运动（世界棒球锦标赛）的文章（作者在谈论 2009 年世界棒球锦标赛中纽约洋基队击败费城人队的比赛）。

Sometimes Goliath wins, or, if you prefer the most appropriate analogy after World Series Game 6, Godzilla kicks butt.

After years of seeing upstarts, hot teams and cursebreakers win the World Series and play off baseball reduced to "a crapshoot", we got an old fashioned, the-best-team-won World Series.

问题：

1. 寻找并讨论所有的互文性参考。参考了什么？在这些语料中，每个参考扮演了什么角色？起了什么作用？[顺便说一下，"crapshoot"一词是加引号的。如果你不知道引号是什么意思，请查一查。为什么"crapshoot"要加引号？一些编辑不赞成加引号。你认为应该加引号吗？]

2. 为什么报纸上和其他大众媒体（如，电视）中的体育报道在上述语料中容易出现各种互文性参考？

3. 如果你不熟悉棒球、体育或美国体育，请和熟悉的人结对，询问"内部人士"是否能比"外部人士"获得更多的互文性参考或它们在语料中的所指和所做。

4. 在体育写作或报告中找出其他互文性例子。在这方面比较不同的体育运动或不同国家的体育运动的写作方式会非常有意思。

───── 练习任务 42 ─────

我们在第 1.4 节和第 1.6 节讨论过以下语料，我们还为这些语料提供了一些语境。一位教师（卡伦）正在讲述她学校的课程协调员如何让她给当地一所大学的一位历史学教授打电话这件事情。参照第 1.4 节和第 1.6 节提供的语境，讨论作为互文性参考的一种形式的直接引用是如何运作的。为什么说话者不用间接引用，"Mary said that Sara is interested in ..."，或者"Mary said a person from Woodson who is interested in ..."）？直接引用或间接引用的区别是什么？

LAST YEAR /

    Mary Washington/

who is our curriculum coordinator here/

had a call from Sara //

at Woodson //

    And called me/

and said (pause) /

   "We have a person from Woodson /

Who's in the History Department /

She's interested in doing some RESEARCH /

into BLACK history //

And she would like to get involved with the school /

And here's her number /

Give her a call"　//

练习任务 43

以下文字来自乔治·桑德斯（George Saunders）的《脑亡扩音器：散文》（*The Braindead Megaphone: Essays*, New York: Riverhead Books, p.251）一书。请讨论文本中的所有互文性参考。这些互文性参考要求你跟上过去十年的新闻。这段话摘自一篇文学作品。作者试图实现什么？他如何使用互文性来实现他的文学目标和政治目标？

Now it can be told

Last Thursday, my organization, People Reluctant To Kill For An Abstraction (PRKA), orchestrated an overwhelming show of force around the globe.

> At precisely nine in the morning, working with focus and stealth, our entire membership succeeded in simultaneously beheading no one. At nine-thirty, we embarked on Phase II, during which our entire membership simultaneously did not force a single man to simulate sex with another man. At ten, Phase III began, during which not a single one of us blew himself/herself up in a crowded public place. ... In addition, at eleven, in Phase IV, zero (0) planes were flown into buildings.

4.8　图像世界—工具

教皇是单身吗？虽然教皇是未婚男人——"单身汉"被定义为"未婚男人"，但我们不愿意称教皇单身汉。为什么呢？原因是我们不仅仅根据词语的定义或我们前文（参见第 4.2 节）说的"一般意义"来使用词语，而且也根据我们头脑中词语的"正常"或"典型"故事、理论或模型来使用词语。

世界上的一个典型现象是男人娶女人。我们称过了结婚年龄的男人为"单身汉"，认为他是可以有婚姻的，但是，要么是他选择等待，要么是他还没有找到"合适的"人。可教皇虽然过了正常的结婚年龄，却是发誓永远不结婚的。他根本不符合我们头脑中的典型故事。

我们根据这种典型故事来使用词语，除非语境中的什么东西让我们认为当前的情况不是典型的。如果同性婚姻出现，或称男人"单身汉"称女人为"老处女"的沙文主义问题出现，那么我们必须得更加明确地思考事情，并暂时放弃我们的典型画面。事实上，事情可以在社会上发生变化，因为典型故事会变化或变得有争议。人们甚至可以根据典型故事停止使用"单身汉"这样的词语，形成新典型故事，从而也开始称呼适婚的未婚妇女为"单身汉"。

我们使用这样的典型画面来保证我们可以继续交流、行动和生活，而无须自觉地时时考虑一切——所有可能的细节和例外。这对于做事是有好处的，但有时候也有坏处，比如这些典型故事可以把不被认为是"正常"或"典型"的人和物边缘化。

人们的典型故事取决于他们的社会和文化群体。例如，面对拒绝睡觉的两岁孩子，有些父母会把孩子的这种行为看作成长的标志，认为孩子在学会自立。这是因为他们接受这样一个典型故事：孩子天生是依赖父母的，然后在成长的过程中逐渐自主或独立。在通往自立的道路上，他们行动起来、要求独立。这时他们可能还不能完全独立，但这仍然是发展和成长的标志。另一些父母会把同样的行为看作孩子意愿的一个标志，因为他们接受这样一个典型故事：孩子天生自私，需要被教导去为别人着想，与家人合作，而不是一味地按照自己的意愿行事。

也许第二个典型故事在工人阶级家庭中更为常见。这并不奇怪，因为在这样的家庭中，家庭成员之间和朋友之间的相互支持非常重要。第一个故事在拥有更多财政资源的中上层和中产阶级家庭中更为常见。在这样的家庭中，人们期望成长为能够自己支配资源的成年人。

这种典型故事无所谓"正确"或"错误"。例如，孩子当然是天生依赖父母的。但是，孩子是天生自私并需要被教导如何与人合作，还是天生依赖看护人并需要学会独立？我们讨论的不同的故事在某种意义上可能都是正确的，但在一个具体的家庭里其中的一个可能性被强调，以帮助形成家庭中的主要养育风格。它们是简化的世界理论，旨在帮助人们在行动前没有时间充分思考和研究的情况下继续生活。甚至理论在科学上也是简化的世界观，旨在帮助科学家应付而不必立刻处理复杂的世界。

这些典型故事有很多不同的名字，如"民间理论""框架""情节""脚本""心理模式""文化模式""社会模式""话语模式"和"图像世界"等（这些术语都有自己的细微差别）。这种典型故事以图像、隐喻和叙事的形式存储在我们的头脑中（但我们马上就可以看到它们并不总是只存在于我们的头脑中）。

在这里，我们将使用"图像世界"一词来代表这些典型故事。多萝西·荷兰德（Dorothy Holland）1998 年和几个同事合著的《文化世界中的身份和介入》（*Identity and agency in cultural worlds*）把"图像世界"定义为：

> 一个在社会和文化方面构建的解释域，其中特定的人物角色得以识别，某些行为被赋予意义，特定的结果得以推崇。每个结果都是由一组施事者占居的简化世界，他们在特定力量的驱使下，参与一组有意义的行动或状态变化。（p. 52）

图像世界是一个简化世界的画面，描绘了被认为是典型或正常的东西。正如我们所说，被认为是典型或正常的东西根据语境的变化而变化，根据人们的社会和文化群体的变化而变化（正如我们在上述两岁儿童的例子中看到的）。例如，如果我要你想象一个市郊住宅区的卧室和一个大学生宿舍，那么你想象中的那个市郊住宅区卧室里的人和物一定与你想象的那个大学生宿舍里的人和物大不一样。你把你的典型建立在你的经验基础之上。但由于人们的经验根据社会和文化群体的不同而变化，人们认为的典型也有所不同。而且，随着社会的变化，人们认为的典型也会变化而且确实在发生变化。图像世界不是静态的。

再举一个例子，在想象一个小学课堂时，人们的头脑中会闪现出这样一个图像世界（或典型故事）：典型的参与者包括一位（女性）老师和一群年龄基本相同的孩子和一些教辅人员，如帮助有特殊问题的学生（如，学习障碍、阅读困难或英语二语学习者）的老师。他们有时会把有问题的孩子拉出教室。学生们在书桌前坐成一排，面对老师。老师大部分时间都在讲话，有时会向学生提问她自己知道答案的问题。他们也做一些课堂活动，如做数学作业。学生们要参加定期测试，其中有些是国家标准化测试。老师周围是一个机构，包括一名校长、其他教师、课程主任，以及教育主管部门等。父母是这个机构的准"外人"。每个学生都有一个标签，例如"SPED"（特殊教育），"LD"（学习障碍）和"ESL"（英语二语）等。

这个图像世界——包括典型参与者、活动、语言形式、目标和环境——当然是在许多实际的教室中实现着。然而，也有许多例外，但我们思考和谈论学校时，通常不会想到这一点。事实上，这个图像世界的每一个方面都在现行的一项或多项学校改革中存在严重争议（如，按年龄分级、许多测试、技能表、老师说太多话、学生排队等）。然而，这种图像世界的想当然的性质通常会随时变化。改变只是看起来不像是"正常"或"正确"的，或者不是"事情应该的样子"。例如，孩子教大人数字技术如今已经很常见了，但孩子的教和老师的学违反了我们的典型故事。它也违反了与这个典型故事相关联的权威价值和结构。

我曾经说过，这些典型故事——我们所说的图像世界——都存储在我们的头脑中。但事实并不总是如此。通常它们一部分在我们的头脑中，一部分在外部世界中，如书籍、媒体和我们可以谈话的别人的头脑中。孩子天生具有依赖性，随后朝着自立性发展，最后成为独立的成人，可以根据他们自己的资源管理自己的生活。这一图像世界模型存在于许多自助育儿书籍和许多职业父母（如，医生、律师、教授、高管等）的谈话和行动中。如果我们有幸住在合适的社区，我们可以与他们进行交流。

由此，我们提出我们的第三个理论工具，图像世界—工具。很明显，这个工具与填充—工具相关，因为关于共享图像世界的假设是语境的一部分，也是说话者设想受话者能够填充的内容。

对于任何交际，询问交际中的词汇和短语在设想或邀请受话者设想什么典型故事或图像世界，这些图像世界中有什么参与者、活动、交流方式、语言形式、人物、物体、环境、机构和价值等。

工具 26
图像世界—工具

在第 3.10 节中，我们讨论了一位在美国学习的外国女博士生，学习了几年后，失去了博士导师。她需要另选一位导师。她正在和一位教授商量，想让他当导师，但这位教授不太愿意。她说："帮助我是你的工作，我需要学习。"虽然我们是在讨论关系构建—工具时分析的这段话，但我们也可以看到其中图像世界的冲突。

这位学生在使用教授和学生之间关系的图像世界，其中教授从事的职业是帮助人的，学生是他们帮助的对象。在这个图像世界中，帮助者有能力有义务帮助需要帮助的人。需要帮助的人越多，帮助者在道义和专业上越有义务提供帮助。这个图像世界适合某些职业（如，医生、护士、教师），但不太适合另一些职业（如，体育、会计、赌博经纪人）。而且，由于所有的图像世界都过于简单化了，它并不总是适合那些看上去最适合的职业（如，不愿意给穷人看病的医生和医院）。

那位教授心中关于教授和学生之间关系的图像世界是不同的，也许是因为他自己的研究生教育以及他在这个专业的多年经历。他认为教授培养的学生应该已经有很好的专业基础，而如果取得成就，功劳应该属于教授。这种关系是互利的。对于诸如物理学这样的学科的教授来说，这种模式非常常见，尽管教育学（和 ESL）教授有时会接受帮助职业模式。

如果学生和教授的图像世界的冲突已经上升到有意识的状态并得到公开讨论，那么这一冲突就容易得到解决。学生可以重新措辞，提出她的要求，或者教授可以重新考虑他的提供帮助的职业角色。但是图像世界（世界上典型事物的典型故事）通常是无意识的，被认为是理所当然的。当交际出现冲突时，寻求理解和关注是一个重要策略。

阅读书目

Fillmore, C. (1975). An alternative to checklist theories of meaning. In C. Cogen, H. Thompson, G Thurgood, K. Whistler, and J. Wright, Eds., *Proceedings of the First Annual Meeting of the Berkeley Linguistics Society.* Berkeley, Calif.: University of California at Berkeley. pp. 123-131. [教皇的例子出自本文。]

Harkness, S., Super, C., and Keefer, C. H. (1992). *Learning to be an American parent: how cultural models gain directive force.* In R. D'Andrade and C. Strauss, Eds., Human motives and cultural models. Cambridge: Cambridge University Press, pp 163-178. [两岁儿童的例子出本书。]

Holland, D. and Quinn, N, Eds. (1987). *Cultural models in language and thought.* Cambridge: Cambridge University Press.

Holland, D., Skinner, D., Lachicotte, W., and Cain, C. (1998). *Identity and agency in cultural worlds.* Cambridge, MA: Harvard University Press.

Strauss, C. and Quinn, N. (1997). *A cognitive theory of cultural meaning.* Cambridge: Cambridge University Press.

4.9　使用图像世界—工具

图像世界是人们对世界上"典型"或"正常"事物的运行规律所持的"理论"或模型或图形。我们都拥有无数这样的图像世界；我们都使用这些的图像世界。这样我们在谈话或行动之前就没有必要有意识地思考所有的事情。了解说话者在特定的语境中所想象的图像世界的最好办法是询问以下问题：说话者为了这样说话和为了这样说出这些话而必须想象什么样的世界是典型的或正常的？一般情况下，采访是发现图像世界的一个好方法（如，人们对典型的学校和学校教育的想象）。

因为图像世界是以"典型"或"正常"为基础的，所以有时会成为判断和区分非典型或不正常的人的手段。图像世界中捕捉到的典型或正常的感觉通常会变成"适当的"或"好的"概念。

练习任务 44

下面两段话摘自克劳蒂亚·斯特劳斯（Claudia Strauss）发表于 1992 年的重要文章"是什么让托尼行动？"（What makes Tony run?）中对罗德岛工人采访的摘录（参见本节末尾的阅读文献）。阅读这些语料并回答下面的问题：

I believe if you put an effort into anything, you can get ahead.... If I want to succeed, I'll succeed. It has to be, come from within here. Nobody else is going to make you succeed but yourself .... And, if anybody disagrees with that, there's something wrong with them. (p. 202)

[The worker is discussing the workers' fight against the company's proposal mandating Sunday work] But when that changed and it was negotiated through a contract that you would work, so you had to change or keep losing that eight hours pay. With three children, I couldn't afford it. So I had to go with the flow and work the Sundays. (p. 207)

问题：

1. 描述每段摘录的图像世界（世界画面或每个说话者想当然地表达"典型"和"正常"世界的故事）。它们有什么区别？

2. 第一段话表达的图像世界或文化模式被称为"成功模式"，很多美国人都相信这种模式。第二段话表达的图像世界或文化模式被称为"好持家者模式"。施特劳斯发现，她采访的工人阶级男性都可归于这两种模式，虽然在他们的生活中这两种模式常常发生冲突。当他们的生活在更大的社会事务上（如，与收入相关的事情）不成功时（通常是因为他们选择为养家而放弃自己的利益），你认为他们会抱怨谁？

3. 施特劳斯发现，中上层阶级的男性为了成功经常会选择牺牲家庭的需求。你认为他们为什么这样做？她发现她采访的工人阶级男性不这样做，他们甚至宁愿放弃晋升机会和新就业机会也不选择伤害家庭利益。你认为他们为什么这样做？

―――――――　**练习任务 45**　―――――――

在第 3.15 节，我们阅读过一位大学教授接受采访时谈论她对社会种族的看法的语料。我们把这些语料转载如下。虽然这位说话者使用的是学术语言，但她的谈话中仍然也有图像世界。事实上，这些图像世界不但受到她的学科的影响，而且还加入了她对周围世界的观点。

在学科，特别是在社会学科领域，发展世界理论时，它们就像图像世界，但通常更加清楚，而且我们希望它们更加开放、更容易证实或证伪。我们称之为"理论"（但请记住，理论本身就是简化的世界观，通过抛开一些复杂方面来帮助我们更好地理解世界）。

当然，一个学科的理论，可能只是社会上某一人群的图像世界的复制。这种情况曾经发生在心理学上。20 世纪上半叶，心理学家经常在教科书中宣称，在很多方面非洲裔美国人的水平低于白人，女人的水平低于男人。

　　说话者对不同层面现实的参考是社会科学工作的核心主题。"宏观"层面（制度和社会大趋势层面）与"微观"层面（人类社会互动层面）的区别对于社会科学来说非常重要。但同时，如何理解宏观层面与微观层面的关系也是社会科学面临的重大问题。是更大的制度和社会力量引起了个人的社会行为和互动吗？还是更大的制度和社会力量只是由这些社会行为和互动组成的？这里有非常重要的问题。在分析以下语料时，我们关心的是说话者对"层面"（levels）一词的使用。

　　阅读下面的语料并回答以下问题。

　　采访者：... How, do you see racism happening, in society, lets put it that way.

1. Um, well, I could answer on, on a variety of different levels // [I: uh huh]

2. Um, at the most macro level/

3. Uum, I think that there's um,um/

4. I don't want to say this in a way that sounds like a conspiracy / [I: mm hm]

5. But I think um, that um, basically that the lives of people of color are are are, are irrelevant to the society anymore // [I: mm hm]

6. Um, they're not needed for the economy because we have the third world to run away into for cheap labor // [I: uh huh]

7. Um, and I think that, that the leadership/

8. This country really doesn't care if they shoot each other off in in the ghettos / [I: uh huh]

9. Um, and, and so they let drugs into the ghettos/

10. And they, um, they, let people shoot themselves /

11. Shoot each other/

12. And they don't have, a police force that is really gonna, um,

work/

13. And they cut the programs that might alleviate some of the problems //

14. And, um—

15. So I think there's /

16. That it's manifested at, at the most, structural level as, um, you know, a real hatred, of, of, of uh people of color // [I: uh huh]

17. And, and it's shown, in, the cutbacks and so forth //

18. And, um, I think that um, that, it's, it's reflected in, in the fact that, they're, they're viewed as, expendable/ [I: mm hm]

19. By our leadership //

20. Um, and so I think, I see cutbacks in programs as just a, an example of, of a broader/ [I: mm hm]

21. You know, sense, that, that, from the point of view of, of those in power/

22. People of color are expendable / [I: uh huh]

23. And, and irrelevant //

问题：

1. 根据这个世界画面中的人物、活动、机构和环境（如参与者是谁或者是什么？他们在做什么？）等的作用，说明这位说话者使用的基本图像世界。

2. 你会把这个说话者背后的世界画面称为"理论"或"图像世界"（默认的、理所当然的世界理论和图像，并且通常比学术理论更为简化）吗？还是两者的一部分？

3. 这里的短语"people of color"的含义是什么（如，"ghetto"一词的使用）。谁被认为是典型的有色人？为什么？

4. 你能设想有些人会拥有与上述说话者完全不同的图像世界（世界画面）吗？这些人可能会是谁？他们为什么持有不同的模式？

5. 如果一个人接受这个说话者表达的图像世界，那么他会认为社会激进主义是什么样子？关注贫穷和社会公平事业的激进分子会以什么不同的图像世界为出发点？

阅读书目

Strauss, C. (1992). What makes Tony run? Schemas as motives reconsidered. In R. D'Andrade and C. Strauss. Eds., *Human motives and cultural models.* Cambridge: Cambridge University Press, pp. 197-224.

4.10　大写 D 话语—工具

人们不仅以个人的身份而且还作为各种社会和文化群体的成员来说话和行事。我们不是发明语言，而是从别人那里继承语言。我们相互理解，因为我们有共同的使用和解释语言的惯例。我们可以在这些惯例中创新——创造新词语，给词语赋予新情景意义，寻找新说话方式——但这些创新必须与他人共享才能被理解和生存。此外，我们的创新是在使用和解释语言的共享惯例背景下进行的。

使用和解释语言共享惯例的社会群体多种多样，包括文化，族群，像医生、律师、教师和木匠这样的职业，学科，像观鸟者和视频游戏玩家这样的兴趣群体，以及像街头帮派、军队和运动队这样的群体。还有许多其他类型的社会群体。每个群体都有与他们自己独特的身份和活动相关的独特的话语方式。

我们在这些各种各样的群体中表现我们特定的身份和活动，但我们没有一个合适的词语来命名这些群体。人们尝试了各种不同的名字："文化群体""实践社团""言语社团""话语社团""活动系统""行动网络"等。每个名称只能适用于某些群体或只能适用于这些群体的某些方面。

我将其命名为大写字母"D"的"话语"（即所谓的"大写 D 话语"）。我使用这个术语是因为这样的群体具有时间上的延续性——

在大多数情况下，它们在我们到达地球之前就已经存在了，而且在我们离开地球以后会继续存在。我们可以把它们看作跨越时间的交际（谈话），我们只是扮演传声筒的角色。

我们曾经引入"社会语言"这个术语，用以区分不同风格或种类的语言。通过这些语言，人们促成具体的社会认同身份和行为或活动等。社会语言允许人们以某些类型的非洲裔美国人、英裔美国人、医生、士兵、游戏玩家、数学家、帮派成员、观鸟者、政客等身份说话。然而，当我们在世界上促成一个身份时，我们不仅仅是用语言本身来做到这一点。我们使用语言，但我们也使用独特的表演、交流、信仰、评价、打扮等方式，以及特定环境中各种各样的物体和工具。

如果你想告诉我你是一个篮球运动员，你不能只是嘴上说说，你必须在路上走走，当着他人的面在篮球场上打打篮球。如果你想被认为是一个虔诚的天主教徒，你不能只是嘴上说得"正确"，你还必须和"正确"的人（如，牧师）一起到"正确"的地方（如，教堂）参加某些行动（如，做弥撒）。你也必须表现出"正确"的信仰（如，基督的母亲玛丽是处女生子）和价值观（如，尊重教皇）。做一个"真正的美国人"、一个"好学生"、一个"强硬警察"或"医术高明的医生"等也是如此。你需要说到做到，言行一致。

大写 D 话语（我将使用小写"d"话语来表示"使用中的语言"，或者口语和书面语的语言片段）由说话 / 听话，通常包括写作 / 阅读的独特方式组成。这些独特的说话 / 听话和阅读 / 写作方式与独特的行为、互动、评价、感觉、穿衣、思考和信仰等方式相结合。反过来，所有这些都与协调其他人和各种物体、工具和技术的方式相结合（同步）。所有这一切都是为了促成具体的社会认同身份而服务的。这些身份可能是洛杉矶拉丁美洲裔街头帮派成员、洛杉矶警察、生物学家、某学校一年级某班学生、一个"特殊教育"学生、某种类型的医生、律师、老师、非洲裔美国人、墨西哥裔美国人、"质量控制"工作场所的工作人员，也可以是男人、女人、男朋友、女朋友、当地酒吧的常客等无穷无尽的其他身份。

话语是关于成为"某种类型的人"的。我们有不同的方式成为一个非洲裔、拉丁裔或英裔美国人，因此，就有不同种类的非裔美国人，任何其他社会或文化群体也有不同的种类。成为一名警察就是要表现为某一种人。当一个"强硬警察"也是一样，就是以一种次种类的警察的身份说话和行事。成为一个接受特殊教育的学生是成为学生的一种方式。这就叫作"类中有类"。

在历史的长河里，某些类型的人出现了，某些类型的人消失了。历史上有一个时期，在英国和美国，如果你大胆自信地做出了某些断言，而且还都应验了（你可能并不是有意的），那么你可能会被认为是一个女巫。现在，虽然还有一些地方会有指认女巫的事，但过去那些"盛产"女巫的地方已经很少指认女巫了。那"一类人"在英国和美国几乎消失了。

谈论大写 D 话语的重点集中于这样一个事实：当人们相互交流事物时，总是涉及到语言之外的东西。对别人（甚至对我自己）表达某事的意义时，我必须传递我是谁（我此时此刻所承担的社会情景身份）。就我在寻求执行的社会情景活动而言，我还要传递我在做"什么"，因为大写 D 话语（成为某类人并以某类人的身份做事）在一定程度上是为了让人们执行某些特殊的活动（如，警察逮捕人、天主教徒集会、好学生得了一个"A"等）。

语言只做这些是不够的。我们还必须让我们的思想和行为"正确"。我们也必须适当地与各种物体、工具、场所、技术和其他人同步。成为一个大写 D 话语就是能够用言语、行为、价值观、感觉、其他人、物体、工具、技术、场所和时间来跳一支特别的"舞蹈"，以便被认为是一个独特的"谁"做一个独特的"什么"。能够理解大写 D 话语就是能够识别这样的"舞蹈"。

大写 D 话语不是有整齐边界的单位或密封盒子。相反，它们是识别和被识别为某种类型的"谁"在做某种类型的"什么"的方式。同一支"舞蹈"可以以多种方式、以部分方式、以矛盾方式、以争议方式、以协商方式等所有后现代主义下流行的错综复杂的方式得以识别。大写 D 话语是关于构建和识别的问题。

所有的识别过程都涉及满足各种约束条件的概率。例如，被识别为"武器"的东西（如，棒球棒或烧火棒）可能与原型武器（如，枪、剑或棍）共享一些特征，而不共享另一些特征。对此可能也会有争议。此外，同一个物体在一种语境下可能被认为是武器，而在另一个语境中却不是。所以，进入和退出大写 D 话语也是一样，如促成和识别一种类型的街头帮派成员、接受特殊教育的学生或粒子物理学家等。

虽然世界上有无数的话语，但除了在特殊条件下之外，几乎所有的人都会在生命早期的主要社会化单位中获得一个初步的大写 D 话语。在生命的早期，我们都学会了一种以独特的文化方式成为家庭和社区成员的"常人"。我们可以称之为"初级大写 D 话语"。我们的初级大写 D 话语为我们提供了我们最初的，经常也是持久的自我感觉，并且为我们文化上独特的土语语言（我们的"日常语言"）——我们以"常人"（非专业人士）身份所说的语言——奠定了基础。

人在慢慢长大，他或她的初级大写 D 话语中可能会发生很多有趣的事情。初级大写 D 话语可以改变，可以与其他大写 D 话语交融，甚至可以灭亡。无论如何，对于我们绝大多数人来说，我们的初级大写

D 话语在不断的变化中为我们服务一生，因此我们称之为"生活世界大写 D 话语"。生活世界大写 D 话语就是使我们成为一个"常人"（非专业人士的那些）的那些我们使用语言、感觉和思考、行动和交流的方式。在我们的多元世界中，由于生活世界的文化独特性（即不同群体的人有不同的成为"常人"的方式），人们在寻求在生活世界领域相遇的过程中会做出许多调整和协商。

我们在后来的生活中获得的所有初级大写 D 话语之外的大写 D 话语，都是在比我们的初始社会化组织更开放的"公共领域"中获得的。我们可以称之为"二级大写 D 话语"。我们是在一部分或一块更广的社区机构中获得这些二级话语的，这些机构可能是宗教团体、社团组织、学校、企业或政府等。

由于我们是在个人生活的早期开始社会化的，二级大写 D 话语通常会发挥有趣的作用。随着时间的推移，初级大写 D 话语逐渐调整，与其他大写 D 话语相一致。这种调整塑造了初级大写 D 话语，反过来，初级大写 D 话语又塑造了这些其他大写 D 话语。

许多社会团体实现与他们所推崇的二级大写 D 话语协调的一种方式是把这些二级大写 D 话语的某些方面纳入他们子女的早期（初级大写 D 话语）社会化中。例如，一些非洲裔美国家庭把非洲裔美国教堂的一部分做法和价值观融合到他们的初级大写 D 话语中，正如我的家庭把一种非常传统的天主教的一些做法和价值观纳入我们的初级大写 D 话语。这是一个非常重要的机制。根据这个机制，有价值的"社区"或"公共"身份（在儿童后来的生活中得到更加充分的实践）中的点点滴滴被融入到儿童"私人"的、"以家为本"的生活世界的身份中。

与正规教育密切相关的社会群体通常把后来与基于学校的二级大写 D 话语共鸣的实践纳入他们孩子的社会化中。例如，他们的孩子从小就在晚餐时间被鼓励（和训练）以说明性的方式讲像小散文一样的故事，或是父母与孩子互动，谈论读书心得，鼓励做大量记录，回答各种不同类型的问题，以及形成书与书之间、书与世界之间的互文性关系等。

当然，人们的初级大写 D 话语和他们正在获得的，以及以学术、机构和社团为基础的二级大写 D 话语之间存在着复杂的关系。例如，孩子在学校获得一种二级大写 D 话语，一个涉及某种学生身份和使用某种"学校语言"的大写 D 话语（这个话语可以随着年级和等级的变化而变化）。这种身份和这些形式的语言可以在某些方面与一些学生在家学到的作为他们初级大写 D 话语一部分的身份、价值观和说话方式相冲突。对于其他孩子来说，则可能更适合或更匹配。

以下是一个冲突的例子。在一些土著美洲人群体中，在有长者在场或地位较高的人说话和展示他们的知识的时候，地位较低的人应该保持沉默。学校经常要求学生对老师说话，以展示他们的知识，这样老师可以对学生进行评价。但老师的地位比较高，是有权威的人，学生基于家庭的话语要求他们在这种语境之下静静地听而不能说话和表现。

现在可以引入我们的又一个理论工具：大写 D 话语—工具。请记住，大写 D 话语可以混合或模糊。例如，一个在美国任职的非洲裔美国人在教堂讲话时可能会混合教堂大写 D 话语——寻求被识别为某种基督徒——和政治大写 D 话语——寻求被识别为某种政客。什么大写 D 话语在什么时候发挥作用可能存在歧义。人们说话和行动时，他们在为被识别为某种人而"下注"，而这种"赌注"不一定总能成功（可能在某些语境中可以成功，在其他语境中不能成功），或者这个被识别的身份与他或她本来打算被识别的身份大不一样。

对于任何交际，询问人们如何使用语言，以及在某些环境中使用行动、交流、信仰、评价、穿衣和使用各种物体、工具和技术等构建一种特定的社会认可的身份和参与一个或多个可识别的活动的方式。即使你的语料只是语言，也要询问这个语言是什么大写 D 话语的一部分，即这个说话者或写作者在寻求构建或被识别为一种什么类型的人（什么身份）。在特定的大写 D 话语中，这种语言与什么类型的行动、交流、评价、信仰、物体、工具、技术和环境相关联？

阅
读
书
目

Bourdieu, P. (1990b). *In other words: Essays towards a reflexive sociology.* Stanford: Stanford University press.

Fairclough, N. (1992). *Discourse and social change.* Cambridge: Polity Press.

Fleck, L. (1979, Org. 1935). *The genesis and development of scientific fact.* Chicago: University of Chicago Press. [经典作品，今天读之也不失现代感。]

Faucault, M. (1969). *The archeology of knowledge.* New York: Random House.

Gee, J. P. (2011). *Social linguistics and Ideology in Discourses.* Fourth Edition. London: Taylor and Francis.

Hacking. I, (1966). Making up people, in T. C. Heller, M. Sosna, and D. E. Wellbery, with A. I. Davidson, A. Swidler, and I. Watt Eds. *Reconstructing individualism: Autonomy, individuality, and the self in Western thought.* Stanford. Calif.: Stanford University Press. pp. 222-236. [哈金对身份的研究 —— 他有好几本这样的精彩著作 —— 都是值得阅读的，但我建议从本书开始读起。]

Latour. B. (2005). *Reassembling the social: An introduction to actor-network-theory.* Oxford: Oxford University press.

Scollon, R. and Scollon. S. W, (1981). *Narrative, literacy, and face in interethnic communication.* Norwood, N. J.: Ablex.

4.11　使用大写 D 话语—工具

话语让我们超越了语言。为了研究话语，我们必须研究语言和人的行为、交流、评价、信仰以及物体、工具和社会或制度环境等的使用。

这就是我们作为话语分析者的工作的一部分，即研究口头或书面交际发生的语境。

我们可以根据他们表达的大写 D 话语（说话者想要获得认可的身份）或者根据他们对大写 D 话语的谈论和暗示方式，以及大写 D 话语在世界上的相互关联来分析交流信息。通常，我们说话时，我们不仅说出一个特定的大写 D 话语（如，生物学），而且还说出或暗示其他的，有时有争议的大写 D 话语（如，创造论）。

--- 练习任务 46 ---

在第 3.17 节中，我们讨论了亚利桑那州移民儿童教育政策的状况。移民学生根据一次语言技能测试（亚利桑那州英语学习者评价——AZELLA）成绩分班。在这些班上，同学们每天接受四个小时的强制性英语技能训练。教学不涉及学科课程内容，如科学或社会学课程等。学生在这四个小时的课堂上与母语为英语的学生隔离。在这种课堂上，不允许使用英文以外的其他语言，不允许双语教学。根据 AZELLA 考试，学生的分数在一级到四级之间，得分相等的学生安排在同一个班。如果学生在英语方面没有足够快速的进步，因而不能被转到常规的主流班级，教师和他们所在的学校会以各种方式受到惩罚。

下面几位教师正在和研究员（艾米）谈论他们所教的班级。阅读并思考这些语料，然后回答下面的问题。（Heineke, A.J [2009], *Teacher's discourse on English language learners:Cultural models of language and learning.* Unpublished doctoral dissertation. Mary Lou Fulton College of Education, Tempe, Arizona, p.63）

艾瑞卡：But I think that I've probably seen this difference [linguistic] because I [my classroom] am the mix, I have threes and fours, so I can see like those (students) who — and I have some threes that I swear could be fours. I don't think they're three.

艾米：What do you see as the distinction between [a three and four]?

艾瑞卡：Like they learn, well, I won't say they learn things faster, but they do seem to pick up a little faster, and then their output [spoken English] is so different.

乔尼：Between a four and a three? Yeah.

艾瑞卡：Oh, yes. Like the output is different. Like they're the kind of kids that will take the language objectives and remember to use it, they are the ones that are a little bit more self-initiated. They will try read, if you say point to the words and follow me, they will, these are seen as differences between a three and a four.

乔尼：My home base is fours, and I mean, they rock, most of my kids rock.

问题：

1. 亚利桑那州的这一政策才实施了几年。但它正在创造一个新的大写 D 话语。学生和教师必须设法成为实施本政策所要求的"学生"和"教师"类型。要做到这些，学生和教师都必须以某种方式谈话、行动、交流、评价、思考，以及与各种物体和环境建立关联。从你对该政策的了解和上面所使用的语言来看，这一大写 D 话语涉及或可能涉及一些什么方式的谈话、行动、交流、思考和评价？什么物体和环境在该大写 D 话语中发挥作用？发挥什么作用？

2. 这一新兴大写 D 话语在如何改变语言？如何产生一种新社会语言的某些可能的方面？

3. 图像世界的概念如何与这些语料相关联？大写 D 话语选择偏爱的图像世界（典型的模型和图像），这些教师的交流方式表达或设想了什么样的图像世界？

4. 艾瑞卡似乎在学生的英语水平、智力水平和遵循老师指导的意愿之间画等号。她为什么这样做？这三个方面真的是相互联系的吗？

练习任务 47

下面的文本来自理查德·鲁伊兹的文章"墨西哥玉米卷的本体论现状"（见语法插话 9）。作者在文章中说，在他的墨西哥老家，任何东西卷在玉米饼里都被称为"玉米卷饼"。他们不使用"墨西哥玉米卷"这个词。他说：

In fact, many Mexicans in my circle would say that "taco" is metaphorical (actually metonymic—the Mexicans I know tend to be precise in their use of classical root-words), an icon that stands for much more than a piece of food. *Vamos a echarnos un taco,* literally "let's go throw a taco on ourselves", means something like "let's do lunch" or, more liturgically, "let us break bread together." Here, no one is really talking about bread. It is a way of indicating an interest in establishing or reinforcing a friendship beyond whatever formal roles the participants may be playing. In this, "taco" may be sociolinguistically unique; you don't hear people inviting someone to throw an enchilada or tamale (sic) on each other, thankfully. (If they did, I imagine it would be taken as an invitation to some sort of kinky Mexican duel—but that would be different.)

问题：

1. 我们开发的大写 D 话语概念如何适用于这个文本？鲁伊兹在指出某种类型的"成为墨西哥人"大写 D 话语的哪些方面？

2. 什么行动、交流、评价、物体和环境在这个大写 D 话语中发挥作用？发挥什么作用？

练习任务 48

选择一个你是其成员的大写 D 话语，并详细介绍一些谈话、行动、交流、信仰、评价和使用物体、工具和环境的方式，帮助这一大写 D 话语中的人们识别这一大写 D 话语中或有望加入这一大写 D 话语的其他人。例如，如果你是土著美国人或是狂热的游戏玩家，你如何被识别为土著美国人或游戏玩家？你如何识别其他人是土著美国人或游戏玩家？在上面一段话中，鲁伊兹用一些细节阐明了一小部分大写 D 话语（成为某种类型的墨西哥人，即鲁伊兹和他"圈子里"的人意味着什么）。请模仿鲁伊兹的模式，也写出一段话，阐明一小部分大写 D 话语。

4.12　大写 C 会话—工具

　　大写 D 话语——成为不同类型的人的社会认可方式——通常在我们出生之前已经存在，并且在我们死后很久仍然存在。大写 D 话语的部分定义是基于它们彼此忠诚和彼此对抗之间的关系。就好像它们用我们人类来谈话，彼此赞同和对抗。历史上，犹太人、穆斯林人、天主教徒和新教徒，资本家、社会主义者、马克思主义者和无政府主义者，不同的种族、民族、国家和文化，甚至竞技体育团队、电视节目或视频游戏的粉丝们都按照彼此之间的关系定义自己。

　　我们在媒体上、书刊中以及在与他人的交流中谈论围绕在我们周围的公开辩论时，我们是在参与构成社会的话语之间的辩论，而不是任何具体的人之间的任何具体的辩论。对于某些大的问题（比如堕胎、吸烟、赌博、女性主义、反歧视行动等），你知道辩论的"双方"是谁，是怎么辩论的，辩论"双方"都是什么人等。有些问题社会上所有的人都知道，有些问题只有特定的社会人群才知道（如，在某一学术领域中进行的持续好多年的大讨论）。这种公共问题以及争论双方的知识是一种长期存在的背景，人们根据这种背景来解释他们听到和读到的东西，或者根据这种背景规划他们自己的会话和写作。

　　我称这种公开的辩论、争论、主旨、话题或主题为"大写 C 会话"。这是隐喻性说法，就好像关于堕胎或吸烟等问题的辩论各方在参加一项大会话（或辩论或争论，随便我们怎么称呼）。当然，这个"大写C 会话"是特定的人在特定的时间地点进行的多种交际活动混合而成的。

现在我举一个例子来阐述我的观点。当前，企业（在"使命宣言"中）宣布"核心价值观"非常流行。企业期望创建独特的公司"文化"（Collins & Porras 1994，下面的例子在第 68–69 页），例如，大型制药公司强生公司宣布的核心价值观包括："公司存在的目的是减轻痛苦和疾病"，"机会均等，按劳取酬"，还有其他几个核心价值观。

这时，人们可能想知道烟草公司的核心价值观是什么。以我们大多数人都熟悉的会话——关于美国及其历史，关于吸烟等——为例，我们几乎可以推测出其核心价值观。比如，以销售烟草为主兼营其他多种产品的大公司菲利普莫里斯的核心价值观包括："个人的自由选择权（吸烟、随心所欲地购买香烟）值得保护"，"成功——做最好的，击败对手"，"鼓励个人创新"，以及（在一份类似于强生公司的宣言中）"劳动创造机会，不问性别、种族或阶级"。

我们都很容易把菲利普莫里斯公司的核心价值观与美国的个人主义和自由主题联系起来。我们可以根据我们所知道的美国历史上各种会话的理由来解释这些价值观。这些会话不仅仅有关于吸烟的，也有涉及自由、个人主义、政府和其他话题的。会话相互作用、相互影响。请注意"个人创新"和"按劳取酬"既是强生公司的核心价值观，也是菲利普莫里斯的核心价值观。这两个价值观在两种情况下呈现出不同的色彩。在第一种情况下呈现的是人道主义色彩，而在第二种情况下则具有"人人为己"的色彩。"人人为己"的色彩来自我们对"吸烟会话"辩论各方理解的结果。在这一会话中，我们知道个人自由和社会责任是相互冲突的。这场辩论已经持续了数十年，在有些地方比如美国也许已经接近尾声。在美国这样的地方，社会责任加上健康问题和医疗保健成本这一方已基本获胜，关于吸烟问题的历史辩论也即将结束。

请注意价值观、信仰和目标在我所谈论的这类会话中是如何发挥作用的。我们知道在这个会话中，有些人持有的价值观和信仰看重个人主义、自由和"美国方式"，而其他人所表达的价值观和信仰则看重其他人的权利和社会责任，欲使人免受伤害，哪怕是来自他们自己欲望的伤害等。反过来，这两种价值观和信仰取向与围绕政府责任和作用的信仰而存在的更为宽泛的二分法之间存在着历史的联系。

此外，在这次会话中，香烟这样的物品或烟草公司这样的机构或吸烟这样的行为等是承载了意义（象征价值）的，但这是二分的意义。吸烟可以被看作嗜好，虽然表达了自由但缺少对他人的关爱。问题是，那些熟悉吸烟大写 C 会话和其他相关大写 C 会话的人知道香烟、烟草公司和吸烟的可能意义。

参与大写 C 会话的主题和价值观散布在大量的文本和媒体中。它们是不同话语之间历史争论的产物，例如进化论生物学家的话语和原教旨主义创造论者的话语之间的历史辩论。随着时间的推移，这种历史辩论构成了社会上很多人都有一定了解的大写 C 会话。出于这个原因，一份报纸如果不激发人们思考这种辩论，并试图解释报纸上对这种辩论的报道，就很难对进化论展开讨论。

人们往往不知道大写 D 话语（如，宗教改革、创造论历史、女权主义大写 D 话语的变化性质）之间的历史冲突。他们通常只知道组成大写 C 会话的问题、争论、声明和冲突的残余。大写 D 话语的历史互动导致了某些辩论（"大写 C 会话"）（如，关于吸烟、种族、进化、全球气候变暖以及男人、女人、男性、女性和同性恋者"本质"的辩论）已经被社会或社会群体广为熟知，甚至包括那些本身不是这些话语的成员，或者甚至不知道这些大写 D 话语历史的人。

大写 C 会话——存在于社会里已广为人知的话题、问题、辩论和辩方，或是因谈话、文本和媒体而被载入历史的那些促成大写 D 话语（多重身份）的大批人群之中——给了我们最后一个工具。

工具 28
话—工具
大写 C 会

对于任何交际，询问交际设想的受话者或读者知道什么问题、辩论、辩方和声明，或者他们为了理解更广泛的历史和社会问题和辩论意义上的交际而需要知道什么问题、辩论、辩方和声明。这种交际可以被看作在大写 D 话语中带入了某一个历史的或广为人知的辩论或讨论。这里的大写 D 话语有哪些？

阅读书目

Bakhtin. M, M. (1986). *Speech genres and other late essays*. Austin: University of Texas Press.

Biilig, W. (1987). *Arguing and thinking: A approach to social psychology*. Cambridge University Press.

Collins, J. C and Porras, J. I. (1994). *Built to last: Successful habits of visionary companies*. New York: Harper Business.

4.13　使用大写 C 会话—工具

我在这里使用"大写 C 会话"这一术语，因为我想强调，有时候作为一个更广泛社会的成员，有时候作为社会或文化群体的成员，我们意识到或可以意识到我们的日常会话和在书刊和媒体中听到并做出反应的内容构成了历史话语中的大写 C 会话，而不仅仅是此时此地的谈话和文本。通常，我们了解社会上的问题，至少需要部分地了解不同类型的人是如何谈话、行动的，以及争论的历史。

练习任务 49

讨论奥巴马选举及其引起的辩论如何能够从现在和历史上不同种类的人——不同的大写 D 话语——互动的角度来理解。这一辩论涉及到哪些不同历史类型的人或大写 D 话语？辩论的问题是什么？辩论"双方"是谁？

练习任务 50

讨论人类活动造成的全球气候变暖如何能够从现在和历史上不同种类的人——不同的大写 D 话语——互动的角度来理解。这一辩论涉及到哪些不同历史类型的人或大写 D 话语？辩论的问题是什么？辩论"双方"是谁？你可以指出今天与全球气候变暖这一特定话语密切相关的人吗？

练习任务 51

下面一段话来自我就使用视频游戏学习和教育所做过的采访。

All technologies can be good or bad depending on how they are used. Textbooks are pervasive in schools but one of the worst learning technologies ever invented, because they try to do everything with one tool, standardized for everyone, with no care about context and individual differences in learning. We need to be careful not to see technology as the main focus, but rather to see the main focus as creating good interactive learning systems in and out of classrooms, learning systems that stress participation, deep understanding, problem solving, and innovation.

　　不同背景的人会从这段话中读到教育、技术、学习和学校等方面的不同争议。与这段话相关的大写 D 话语之间辩论的一些问题是什么？辩论双方是谁？它所涉及的较大的大写 C 会话是什么？

结　论

　　本书中的"工具"方法旨在强调说话者和写作者是积极的设计者和构建者。他们在做事情，对别人和对世界做事，同时再现社会秩序、制度和文化。他们在促成和识别——因而保持了其存活——各种不同的大写 D 话语、在世界上的不同存在方式、成为某些类型的人的方式等过程中创造历史。

　　我们所有的工具基本上都是关于"接收人设计"的，也就是说，在交流过程中，设计我们的受话者或读者是谁，或我们期待的受话者或读者是谁。我们所有的工具也基本上都是关于与"回应设计"相关的概念的，也就是说，不仅设计我们的受话者和读者是谁或我们期待的受话者和读者是谁，而且设计我们想让他们在世界上做什么来回应我们说或写的话语。这里的"谁"是指"得到社会认可的和具有社会意义的人"，即互动中的身份创造社会世界和创造历史。

　　本书是它的读者的话语分析入门书。现在读者已经入门了，他们结束这本书的最好办法就是自己选择一个话题，收集自己的语料，进行自己的话语分析。读者可以使用我们介绍的全部 28 种工具。它们会引导他们提出 28 个问题。正如我在引言中所说，这些工具没有先后顺序，就算按相反的顺序使用也是可以的，甚至研究者可以选择一个更适合自己和自己的语料的工具。

什么让话语分析有效？我所说的有效是不同的分析可能或多或少具有的某些东西，即一些分析或多或少比其他分析有效。此外，有效永远不是"一成不变"的。所有分析都可以进行进一步的讨论和争论，并且随着分析的进展，它们的地位可以随着时间的推移而上升或下降。话语分析的有效性是基于以下四个要素的：

1. 融合。28 个问题的答案以支持分析的方式融合越多，话语分析为很多或所有问题提供的一致的和令人信服的答案越多，话语分析就更有效（即"值得信赖"）。反之则是更无效。

2. 一致。语料中社会语言的"母语者"和语料中涉及的大写 D 话语"成员"越与这种社会语言在这种背景中实际发挥的作用一致，对上述 28 个问题的回答就越有说服力。母语者不需要知道他们的社会语言为什么或如何发挥作用，他们只是可以知道。（接受我们的基本理论假设和工具的）其他话语分析者或其他类型的研究人员（如，民族志研究人员）越倾向于支持我们的结论，对 28 个问题的回答就越有说服力。

3. 覆盖。分析越能应用于相关数据就越有效。这包括能够理解分析之前和之后的情况；能够预测在各种情况下可能发生的事情。

4. 语言细节。分析与语言细节联系越紧密就越有效。所有的人类语言都经历了生物和文化演变，服务于一系列不同的交际功能。任何社会语言的语法都是由具体的语言形式组成的，这些语言形式被"设计"来执行具体的功能，任何语言形式都可以执行一种以上的功能。因此，话语分析之所以有效的部分原因是，话语分析者会认为，他们在分析中揭示的交际功能肯定与所使用的语法手段相关，而且根据所涉社会语言的"本族语者"的判断和语言学家的分析，这些语法手段确实可以服务于这些交际功能。

为什么这样就能构建有效性？因为如果不相信分析，那么28个不同问题的答案、"局内"和"局外"观察者的观点、更多的语料集，以及"母语者"和语言学家的判断等基本上不可能会融合。当然，相信分析并不意味着分析在各方面都是真实的或正确的。经验科学具有社会性，是研究者基于彼此的工作，以我们希望改进的方式长期积累起来的。这就意味着，"有效的"分析能够解释未来对相同语料或相关语料所进行的任何研究都会重视的东西。

这就是本书的结尾。这本书是为"未来学习做准备"的。我给了你一个话语分析理论，供你练习并熟悉该领域。我的目的不是让你就此为止，只相信我，而是要你做好准备继续阅读，面对其他观点，并思考自己的看法。这本书本身就是一个工具，做了一些初步的工作。它将引导你进一步学习其他工具，从事其他的工作。

对于那些不会成为话语分析者的人来说，本书的目标是加深你对使用中的语言的看法，并推动你继续阅读和思考语言。对于那些要进行专业话语分析的人来说，本书的目标是向你展示一片领域，希望你能够绘制出你自己的蓝图，找到自己的方法——并最终做出比这本书更好更新的贡献。对于所有读者来说，我希望我增添了——而不是减少了——人类手中和头脑中关于语言的瑰丽景象。

我设计的文本得到了你的什么回应？我曾经想让读者看到语言是行动的动力。无论是好的还是坏的，他们是或者可以是活跃的设计者和制造者，他们可以通过语言和理解话语改变世界，让世界变得更好。世界非常需要语言。我希望我唤起的正是你的这种——作为强大的创造者拥有强大工具的——身份。

附录：话语分析工具汇总

工具1 指示—工具

对于任何交际，询问如何使用指示词连接话语与语境，并假设受话者已经知道或者可以推理出什么。请以同样的方式思考定冠词的用法。还要询问常规词在语境中具有什么类似指示词的特征，也就是说，常规词哪些方面的具体意义需要从语境中得以填充。

工具2 填充—工具

对于任何交际，询问：根据话语内容和语境，需要填充什么才能使话语清晰？哪些信息是没有明说但仍然被认为是已知的或可推断的？受话者应该运用什么知识、假设和推理，以使交际清楚易懂，并实现说话者的意图？

工具3 陌生化—工具

在任何交际中，尽量表现得像个"局外人"。询问自己：如果某个人（哪怕是火星人）没有局内人认为自然的、理所当然的共有知识和假设，不进行推理，那么这个人在这里会发现什么是陌生（不清楚、混乱、值得怀疑）的呢？

工具 4 主语—工具

对于任何交际，询问为什么说话者选择这个主语 / 话题——他们关于主语说了什么。询问他们是否会做出其他选择以及会如何做出选择，但为什么没有这么选择。就主语和谓语而言，他们为什么会这样组织信息？

工具 5 语调—工具

对于任何交际，询问说话者的语调轮廓如何帮助理解话语意义。说话者用了什么思想单元？说话者（根据语调焦点位置）凸显了什么信息？说话者通过不凸显什么信息而使它成为旧信息或已知信息？语调轮廓传达了什么样的态度和 / 或情感（情绪）意义？在分析书面文本时，要大声朗读，并询问读者需要在句子中添加什么语调轮廓来充分理解其意义。

工具 6 框架问题—工具

完成了话语分析之后——考虑了你认为与语料意义有关的所有语境方面之后——看看你是否可以找到更多的语境信息，看看是否可以因此而改变你的分析。如果不能，你的分析目前是安全的。如果可以，你要做更多的工作。不断向前推进你的知识或语境，看看语境的某些你当初认为不相关的方面现在是否相关或者你是否可以发现一些全新的方面。

工具 7 做而不只是说—工具

对于任何交际，不要只询问说话者在说什么，而且要询问他或她想要做什么。请记住，他或她可能在试图做一件以上的事情。

工具 8　词汇—工具

对于任何英语交际，询问在日耳曼语词汇和拉丁语词汇中选择了哪一种？词汇类型的这种分布是如何标记交际风格（语域和社会语言）的？是如何促进交际目的的？

工具 9　为什么此方式而非彼方式—工具

对于任何交际，询问说话者为什么用语法以这种方式而不是其他方式构建和设计。不断询问还可以有其他什么说法，说话者以这种方式而不以其他方式说话是想表达什么意义，想做什么事情。

工具 10　整合—工具

对于任何交际，询问小句是如何被整合或打包成话语或句子的。哪个可选论元被省略了，哪个没有被省略？小句变成短语时什么被省略了，什么没有被省略？把信息打包到主句、从句、嵌入句以及承载小句信息的名词短语中的方式实现了哪些方面的交流？

工具 11　话题和主位—工具

对于任何交际，询问每个小句的话题和主位是什么，以及包含几个小句的句子的主位是什么。为什么说话者会做出这样的选择？当主位不是主语/话题，并因此偏离了常规（无标记）选择时，主位是什么，以及为什么这样选择？

工具 12　节—工具

在任何交际（足够长的交际）中，寻找节界线以及节是如何聚合成更大的信息块的。你不会总能很容易地找到节界线，但你这么做会对你解释语料以及展示你的解释有很大的帮助。

工具 13　语境自反性—工具

你在使用填充—工具、做而不只是说—工具、框架问题—工具和为什么以此方式而非彼方式—工具以及所有其他需要你考虑语境（而不只是你说的话）的工具时，总是询问自己以下问题：

1.说话者所说的话和说话方式是如何帮助创造或形成（甚至可能操纵）受话者把什么当作相关语境的？

2.说话者所说的话和说话方式是如何帮助再现语境（如,大学课堂）的，即如何帮助语境在时间和空间上继续存在的？

3.说话者再现语境时知不知道如果他或她有意识地思考语境的某些方面，他或她就不会想再现这些语境？

4.说话者所说的话和说话方式是不是仅仅在或多或少地复制（重复）语境，或在某些方面转换或改变语境？一个语境中没有任何一个言语行为与另一个言语行为完全相等（如，每个讲座在某种程度上都是不同的），但有时候差异很小且不重要，有时候差异很大且很重要。

工具 14　显著性构建—工具

对于任何交际，询问词汇和语法手段是如何为某种事情而不是其他事情建立或减少显著性（重要性、相关性）的。

工具 15　活动构建—工具

对于任何交际，询问此交际在构建哪个或哪些活动（实践）。这一交际在让别人认识到完成了哪个或哪些活动（实践）？也询问什么社会群体、机构或文化支持和规范某一正在构建或促成的活动。[第2.1节中做而不只是说—工具处理的是行动；而活动构建—工具处理的是活动／实践。]

工具 16　身份构建—工具

对于任何交际，询问说话者在试图促成或让他人识别什么社会认

可的身份。还要询问说话者的语言是如何对待他人的身份的，说话者
为与他或她自己的身份有关系的他人识别了什么类型的身份。还要询
问说话者是如何定位他人的，以及说话者在"邀请"他人接受什么身份。

工具 17　关系构建—工具

对于任何交际，询问如何使用文字和各种语法手段来构建和维持或
改变说话者、其他人、社会团体、文化和 / 或机构之间各种各样的关系。

工具 18　政治构建—工具

对于任何交际，询问如何使用词汇和语法手段来构建（构造、呈现）
我们所说的社会产品并把这一社会产品分配给受话者或其他人或从受
话者或其他人那里撤回。还要询问如何使用词汇和语法手段来构建一
个社会产品在社会上如何分配或应该如何分配的观点。

工具 19　连接构建—工具

对于任何交际，询问交际中使用的词汇和语法是如何建立或断开
或忽略事物之间的连接的。总是询问交际中使用的词汇和语法如何使
事物与其他事物相关或不相关或忽略彼此之间的相关性。

工具 20　衔接—工具

对于任何交际，提出这样的问题：衔接手段在这篇文章中是如何
连接信息的？是以什么方式连接的？这个语篇如何无法连接其他信
息？说话者用这样的衔接手段想传递什么信息、实现什么目标？

工具 21　符号系统和知识构建—工具

对于任何交际，询问使用的词语和语法是如何赋予或剥夺某种符号
系统（如，西班牙语和英语、技术语言和日常语言、文字和图像、文字

和公式等）或者以不同方式了解和相信或声称了解和相信的特权的？

工具 22　话题流或话题链—工具

对于任何交际，询问所有主句的话题是什么，以及这些话题是如何彼此链接，创造（或不创造）话题链的，为一段口头或书面语篇创造总话题或关于某事的连贯性的。从属句和嵌入句中的话题代表从属于主句话题链的不那么凸出的话题，但有必要询问这些话题是如何与主句话题链形成关联的。还要询问人们是如何标识他们在切换话题的，以及他们是否通过链接前文的旧话题来"遵守话题"。同样，寻找话题转移结构，观察这种结构是如何使用的。

工具 23　情景意义—工具

对于任何交际，询问词语和短语有什么情景意义。也就是说，在特定的语境和语境构建中，受话者必须给这些词语和短语赋予什么具体意义？

工具 24　社会语言—工具

对于任何交际，询问它是如何使用词汇和语法结构（短语、小句和句子）来表达和促成一种既定的社会语言的。交际可以混合两种或多种社会语言，或是在两种或多种社会语言之间切换。反过来，社会语言可以由来自一种以上语言的词汇或短语组成（如，英语和西班牙语的混合语）。

工具 25　互文性—工具

对于任何交际，询问如何使用词汇和语法结构（如，直接引用或间接引用）来引用、参考或影射其他"文本"（即其他人所说或所写）或其他（社会）语言风格。

工具 26　图像世界—工具

对于任何交际，询问交际中的词汇和短语在设想或邀请受话者设想什么典型故事或图像世界，这些图像世界中有什么参与者、活动、交流方式、语言形式、人物、物体、环境、机构和价值等。

工具 27　大写 D 话语—工具

对于任何交际，询问人们如何使用语言，以及在某些环境中使用行动、交流、信仰、评价、穿衣和使用各种物体、工具和技术等构建一种特定的社会认可的身份和参与一个或多个可识别的活动的方式。即使你的语料只是语言，也要询问这个语言是什么大写 D 话语的一部分，即这个说话者或写作者在寻求构建或被识别为一种什么类型的人（什么身份）。在特定的大写 D 话语中，这种语言与什么类型的行动、交流、评价、信仰、物体、工具、技术和环境相关联？

工具 28　大写 C 会话—工具

对于任何交际，询问交际设想的受话者或读者知道什么问题、辩论、辩方和声明，或者他们为了理解更广泛的历史和社会问题和辩论意义上的交际而需要知道什么问题、辩论、辩方和声明。这种交际可以被看作在大写 D 话语中带入了某一个历史的或广为人知的辩论或讨论。

图书在版编目（CIP）数据

话语分析：实用工具及练习指导：原书第2版 /
（美）詹姆斯·保罗·吉（James Paul Gee）著；何清顺译. --
重庆：重庆大学出版社，2020.10（2024.6重印）
（万卷方法）
书名原文：How to do Discourse Analysis: A
Toolkit 2 Ed

ISBN 978-7-5689-2368-2

Ⅰ.①话…　Ⅱ.①詹…②何…　Ⅲ.①话语语言学—
研究　Ⅳ.①H0

中国版本图书馆CIP数据核字（2020）第157773号

话语分析：实用工具及练习指导（原书第2版）
HUAYU FENXI: SHIYONG GONGJU JI LIANXI ZHIDAO
詹姆斯·保罗·吉（James Paul Gee）　著
何清顺　译
杨炳钧　审校

策划编辑：林佳木
责任编辑：林佳木　　版式设计：林佳木
责任校对：谢　芳　　责任印制：张　策

*

重庆大学出版社出版发行
出版人：陈晓阳
社址：重庆市沙坪坝区大学城西路21号
邮编：401331
电话：（023）88617190　88617185（中小学）
传真：（023）88617186　88617166
网址：http://www.cqup.com.cn
邮箱：fxk@cqup.com.cn（营销中心）
全国新华书店经销
重庆华林天美印务有限公司印刷

*

开本：890mm×1240mm　1/32　印张：8.25　字数：250千
2020年10月第1版　2024年6月第2次印刷
ISBN 978-7-5689-2368-2　定价：45.00元

How to do Discourse Analysis: A Toolkit/Jame Paul Gee 2nd ed
978-0-415-72258-3

版贸核渝字（2017）第 248 号